普及科学知识，拓宽阅读视野，激发探索精神，培养科学热情。

向科技大奖冲击

包罗各种科普知识，汇集大量精美插图，为你展现一个生动有趣的科学世界，让你体会发现之旅是多么有趣，探索之旅是多么神奇！

吉林出版集团
北方妇女儿童出版社

图书在版编目（CIP）数据

向科技大奖冲击 / 李慕南，姜忠喆主编. —长春：
北方妇女儿童出版社，2012.5（2021.4重印）
（青少年爱科学. 科普百家讲坛）
ISBN 978 - 7 - 5385 - 6330 - 6

Ⅰ.①向… Ⅱ.①李… ②姜… Ⅲ.①科学家 - 生平
事迹 - 世界 - 青年读物②科学家 - 生平事迹 - 世界 - 少年
读物 Ⅳ.①K811

中国版本图书馆 CIP 数据核字（2012）第 061710 号

向科技大奖冲击

出 版 人　李文学
主　　编　李慕南　姜忠喆
责任编辑　赵　凯
装帧设计　王　萍
出版发行　北方妇女儿童出版社
地　　址　长春市人民大街 4646 号 邮编 130021
　　　　　电话 0431 - 85662027
印　　刷　鸿鹄（唐山）印务有限公司
开　　本　690mm × 960mm　1/16
印　　张　12
字　　数　198 千字
版　　次　2012 年 5 月第 1 版
印　　次　2021 年 4 月第 2 次印刷
书　　号　ISBN 978 - 7 - 5385 - 6330 - 6
定　　价　27.80 元

前　　言

科学是人类进步的第一推动力,而科学知识的普及则是实现这一推动力的必由之路。在新的时代,社会的进步、科技的发展、人们生活水平的不断提高,为我们青少年的科普教育提供了新的契机。抓住这个契机,大力普及科学知识,传播科学精神,提高青少年的科学素质,是我们全社会的重要课题。

一、丛书宗旨

普及科学知识,拓宽阅读视野,激发探索精神,培养科学热情。

科学教育,是提高青少年素质的重要因素,是现代教育的核心,这不仅能使青少年获得生活和未来所需的知识与技能,更重要的是能使青少年获得科学思想、科学精神、科学态度及科学方法的熏陶和培养。

科学教育,让广大青少年树立这样一个牢固的信念:科学总是在寻求、发现和了解世界的新现象,研究和掌握新规律,它是创造性的,它又是在不懈地追求真理,需要我们不断地努力奋斗。

在新的世纪,随着高科技领域新技术的不断发展,为我们的科普教育提供了一个广阔的天地。纵观人类文明史的发展,科学技术的每一次重大突破,都会引起生产力的深刻变革和人类社会的巨大进步。随着科学技术日益渗透于经济发展和社会生活的各个领域,成为推动现代社会发展的最活跃因素,并且成为现代社会进步的决定性力量。发达国家经济的增长点、现代化的战争、通讯传媒事业的日益发达,处处都体现出高科技的威力,同时也迅速地改变着人们的传统观念,使得人们对于科学知识充满了强烈渴求。

基于以上原因,我们组织编写了这套《青少年爱科学》。

《青少年爱科学》从不同视角,多侧面、多层次、全方位地介绍了科普各领域的基础知识,具有很强的系统性、知识性,能够启迪思考,增加知识和开阔视野,激发青少年读者关心世界和热爱科学,培养青少年的探索和创新精神,让青少年读者不仅能够看到科学研究的轨迹与前沿,更能激发青少年读者的科学热情。

二、本辑综述

《青少年爱科学》拟定分为多辑陆续分批推出,此为第五辑《科普百家讲坛》,以"解读科学,畅想科学"为立足点,共分为 10 册,分别为:

1.《向科技大奖冲击》

2.《当他们年轻时》

3.《获得诺贝尔奖的科学家们》

4.《科学家是怎样思考的》

5.《科学家是怎样学习的》

6.《尖端科技连连看》

7.《未来科技走向何方》

8.《科技改变世界》

9.《保护地球》

10.《向未来出发》

三、本书简介

本册《向科技大奖冲击》收集了世界上最负盛名的科学大奖,为读者讲述众多科学家获得巨奖背后的故事。一个个如雷贯耳的科学大奖,如同竞争激烈的竞技场,引来无数的科学巨人一展风采;一个个走上领奖台的科学巨匠,如同一颗颗璀璨的星星,闪耀在科学的天空中。在通往科学的道路上,满是荆棘与鲜花,留下的是他们的一个个动人又神奇的故事。期望读者从这些神奇的故事中,既能了解相关的学科知识,更能感受到科学家们献身科学的崇高精神,从中受到激励,得到人生的启迪。

本套丛书将科学与知识结合起来,大到天文地理,小到生活琐事,都能告诉我们一个科学的道理,具有很强的可读性、启发性和知识性,是我们广大读者了解科技、增长知识、开阔视野、提高素质、激发探索和启迪智慧的良好科普读物,也是各级图书馆珍藏的最佳版本。

本丛书编纂出版,得到许多领导同志和前辈的关怀支持。同时,我们在编写过程中还程度不同地参阅吸收了有关方面提供的资料。在此,谨向所有关心和支持本书出版的领导、同志一并表示谢意。

由于时间短、经验少,本书在编写等方面可能有不足和错误,衷心希望各界读者批评指正。

本书编委会

2012 年 4 月

目　　录

一、科学巨奖

二、获奖趣闻

一、科学巨奖

最著名的科学巨奖

要问当今世界上最著名、学术声望最高的国际科学大奖是哪一项，当然是诺贝尔奖了。这项让世人瞩目的科学巨奖是以瑞典化学家诺贝尔遗赠的基金设立的，起初共设物理学奖、化学奖、生理学或医学奖、文学奖、和平奖等五项大奖，1901年首次颁奖。1968年，瑞典中央银行增设了一项经济学奖，并于1969年首次颁发。这六项奖到现在为止，除特殊原因外，一般每年颁发一次，每年的12月10日即诺贝尔的逝世纪念日，均成为无数人关注又激动的一天。这一天，在瑞典首都斯德哥尔摩的音乐大厅，都要举行庄严隆重的诺贝尔奖授奖仪式，由瑞典国王亲自授奖。此时，诺贝尔奖获得者在诺贝尔基金会人员的陪同下，步入装饰着鲜花的斯德哥尔摩音乐厅，进入受奖席位。在庄严、肃穆的大厅里，基金会的主席简要地介绍各位获奖者的贡献，每位获奖者也以他们各自的本国语言发表简短的演讲。当他们步下台阶从瑞典国王的手中接过奖状和奖章时，大厅里顿时响起热烈的掌声，几千名来宾向他们致以崇高的敬意与衷心的祝贺。

诺贝尔奖颁发的奖品包括一枚金质奖章、一张奖状和一笔数额巨大的奖金。诺贝尔奖已成为国际科学界的最高荣誉，激励着一代又一代的专家学者在科学的道路上前进，并推动着人类文明向前发展。

诺贝尔

善良的小学生

瑞典曾经有一位小学生，他的成绩一直在班上名列第二名，第一名总是由一个叫柏济的同学所获得。有一次，柏济意外地生了一场大病，无法上学而请了长假。这位小学生的好友私下为他感到高兴说："柏济生病了，以后的第一名就非你莫属了！"

但是，这位善良的小学生并不因此而沾沾自喜，反而将其在校所学，做成完整的笔记，寄给因病无法上学的柏济。到了学期末考试，柏济的成绩还是全班第一名，而这位善良的小学生依旧名列第二。

这个胸怀宽广、心地善良的小学生，就是后来设立了著名的诺贝尔科学奖的瑞典化学家诺贝尔。

不怕死的人

诺贝尔于1833年出生在瑞典，在他生活的那个时代，烈性炸药就像一匹难以驯服的烈马，社会建设急需它，但多少人想制服它，都没能成功。有的人在爆炸声中丧生，有的人听见爆炸声就怕，诺贝尔却勇敢地知难而进，长大后便开始了驯服这匹"烈马"的征程。在一次又一次的试验中，有几十次差一点失去了生命。

一次，实验室又照例响起"轰隆"的爆炸声，这回，实验炸药一共炸死了5个人，其中有一个就是诺贝尔的亲弟弟，连诺贝尔的父亲老诺贝尔也受了重伤。邻居们都被这不怕死的一家吓坏了，可是，诺贝尔毫不畏惧，继续进行这项危险的研究工作。

由于实验室连连爆炸，周围的邻居为了自身的安全，不准他再在那里试验，诺贝尔没有办法，只好把实验室搬到一个湖边，在湖中心的一条渡船上，继续研究烈性炸药。于是，一晃4年多的时间又过去了，在这独特的"渡船实验室"里，诺贝尔一共进行了400多次试验，可仍然未能驯服硝化甘油这匹"烈马"。

说来也巧，有一次，一大坛硝化甘油在搬运时破裂了，这只坛子是放在木箱里的，木箱与坛子间塞满泥土，以防止坛子滑动。坛子一破裂，硝化甘油就渗到泥土中去了。诺贝尔拿了一把吸饱硝化甘油的泥土进行试验，结果发现，这种泥土在引爆后能够猛烈爆炸；可是，不引爆，它却很安全，不像纯硝化甘油那样稍受震动就会爆炸。"哈，这下子有了！"诺贝尔感到异常高兴。便开始对此进行大规模的试验，他堆积了大量渗有硝化甘油的泥土，用导火索引爆。没有料到，这一次的爆炸空前猛烈，浓烈的烟雾直冲半空，周围的人们看着冲天的烟雾，都失声叫起来："完了，诺贝尔完了！他这下子真的玩完了！"

哪知不一会儿，从浓烟中冲出一个满脸鲜血、衣服破碎的人，像个疯子似的跳跃着举着双手，高声喊道："我成功了！我成功了！"死里逃生的诺贝尔终于成功了！他以这样不怕死的精神驯服了硝化甘油这匹"烈马"，使这种炸药做到保存、运输时很安全，在起爆时能猛烈爆炸。后来，诺贝尔又制成了各种烈性炸药，被人们誉为"炸药工业之父"。

勤奋工作是诺贝尔的生活准则。为了发展他的企业，推广他的烈性炸药，他不知疲倦地四处奔走，表演爆炸程序，邮寄散发详细的使用说明书，从而使硝化甘油等新型炸药开始被人们所熟知，并在许多领域里大显身手，为人类创造出众多传奇的财富神话。例如，美国在修建中太平洋铁路时，大量使用硝化甘油炸药，从而为铁路公司节省了几百万美元的费用。在诺贝尔的努力下，从19世纪80年代起，诺贝尔本人经营的企业，遍布欧美20多个国家，专利权达到355项。他光在英国获得的专利权就高达120多项，成了国际上有名的富翁。但是，他为了专心研究，却终生未婚。在许多国家他都设有自己的实验室，可他没有一个固定的家。因此，人们称他为"最富有的化学流浪汉"。

诺贝尔在一份简略的自传中这样描述自己："本文作者生于1833年10月

21 日。他的学问从自学中得来，从没进过高等学校。他特别致力于应用化学的研究，生平所发现的炸药中，有烈性炸药、无烟炸药等。1880 年得瑞典'八星大勋章'，又得法国的大勋章。惟一的出版物，是一篇英文作品，得银牌一枚。"

世人从此记住了诺贝尔这个名字，他令人崇敬的原因，当然不仅仅因为他是一个有成就的科学发明家，一个能干的企业家，或是一个大富翁，而在于他有一个伟大而宽广的胸怀，有一个崇高的宿愿。他与许多富豪不一样的是，他一贯轻视金钱和财产。当他母亲去世时，他将母亲留给他的遗产全部捐献给瑞典的慈善事业，仅留下慈母的照片作为纪念。他说："金钱这种东西，只要能够解决个人的生活就行，若是过多了，它会成为遏制人类才能的祸害。对于有儿女的人，如果除去留给必需的教育费用外，再传给很多的财产，我认为那是错误的，这样只能鼓励懒惰，使他不能发展个人的独立生活能力和才干。"

正是依照这一思想，尽管有人包括他的亲属极力反对，他还是在遗嘱中写道："我所留下的全部可变换为现金的财产，按下列方式予以处理——这份资本将由我的执行者投资于安全的证券方面，将构成一种基金；它的利息每年以奖金的形式，分配给那些在前一年里曾赋予人类最大利益的人。上述利息将被平分为五份，其分配办法如下：一份给在物理方面作出最重要发现或发明的人；一份给作出过最重要的化学发现或改进的人；一份给在生理学或医学领域作出过最重要发现的人；一份给在文学方面曾创作出有理想主义倾向的最杰出作品的人；一份给曾为促进国家之间的友好、为废除或裁减常备军队以及为举行与促进和平会议做出过最多或最好工作的人。"

于是，人们根据诺贝尔的遗嘱，设立了诺贝尔奖，这，就是著名的诺贝尔奖的由来。诺贝尔之所以设立这五种奖，有其深远的考虑。他一生所从事的科学研究中，化学是他涉足最多的领域，其次是物理学。这让他真切地认识到研究化学和物理学的重要性，所以他特意为化学和物理学各设一奖。对于生理学或医学，他一直很关注，只是因为太忙，未能更多地研究它，对此他一直感到很遗憾，直到他去世前，他还想创办一个医学研究机构，但这一愿望未能实现，所以他决定设一生理学或医学奖来促进医学事业的发展，以弥补他生前的遗憾。诺贝尔虽然不是文学家，但一生没有成家，所从事的危险实验工作，令世人敬而远之，于是，在长期的孤独生活中，阅读一些文学名著曾是他主要的业余爱好。正是因为完全出自于对文学的热爱，他决定设置文学奖，希望有更多的优秀文学著作满足人们精神的需求。他发明的各类炸药，按他的意愿主要用于工业，造福人类。可事实上，炸药不可避免地被用于人类之间的战争，对此，他非常愤恨却又无可奈何。为了倡导和平，反对战争，他决心再设一项和平奖。如今，事实已证明，诺贝尔设置的这五项奖，的确在促进科学发展中发挥了重要的作用。人们也从诺贝尔所设立的五种奖中，清楚地看到他伟大的胸怀和崇高的宿愿。

1896 年 12 月 10 日，由于心脏病猝发，63 岁的诺贝尔与世长辞。他火化后的骨灰安放在斯德哥尔库的郊外。他的名字和诺贝尔奖一样，永远留存在人们的心中。

诺贝尔奖金由瑞典政府一个委员会管理，物理学奖和化学奖得奖人，由瑞典皇家科学院选出；生理学或医学奖得奖人，由斯德哥尔摩的加洛琳医学院选出；文学奖得奖人，由瑞典、法国和西班牙三国的文学组织选出；和平奖得奖人，由挪威国会中一个五人委员会选出。诺贝尔奖最初设立时的奖励基金总计为 920 万美元，每年拿出利息约 20 万美元作为当年的奖金。每年的奖金有多少，得看基金收益有多少，不过，随着设立的基金年代越久远，诺贝尔奖的奖金基金呈上升趋势。1989 年，诺贝尔奖金为 45.5 万美元。近两年，诺贝尔奖金更是高达 100 多万美元。

数学中的"诺贝尔奖"

一年一度令世人瞩目的诺贝尔奖中，竟然没有数学这个"科学之王"的份，使得数学这个重要学科失去了在诺贝尔奖领奖台上展示风采的机会。不过，1936年出现的菲尔兹国际数学奖，弥补了数学家们的心中缺憾。也许正因为是这一原因，这个国际性的数学大奖跟随后出现的沃尔夫数学奖一起，被世人誉为"数学中的诺贝尔奖"。在各国数学家的眼里，菲尔兹奖所带来的荣誉足可与诺贝尔奖相媲美。

数学大奖的来历

菲尔兹国际数学奖是以已故的加拿大数学家约翰·查尔斯·菲尔兹的名字命名的。1863年5月14日，菲尔兹出生在加拿大的渥太华。他11岁时父亲就去世，因此家里的经济条件并不好。不过，贫困的家庭反而激发了菲尔兹的学习欲望，在他17岁那年，菲尔兹考入多伦多大学专攻数学。1887年，菲尔兹才24岁，就在美国获得了博士学位。又过了两年，他在美国阿勒格尼大学当上了教授。

当时，世界数学的中心是在欧洲。北美的数学家为了提高自己的数学研究水平，差不多都要到欧洲学习、工作一段时间，当上数学教授的菲尔兹也不例外。1892年，菲尔兹远渡重洋，游学巴黎、柏林整整10年。在欧洲，他与福雪斯、弗劳伯纽斯等著名数学家成为好朋友，来往非常密切。这一段经历，大大地开阔了菲尔兹的眼界，也让他的胸怀变得更加宽广。

作为一名数学家，菲尔兹的工作兴趣主要集中在代数函数方面，成就不算太突出，但作为一名数学事业的组织、管理者，菲尔兹却功绩卓著。他很早就意识到研究生教育的重要性，到处奔走努力，使他成为在加拿大培养数学研究生的第一人。为了使北美的数学水平迅速赶上欧洲，菲尔兹竭尽全力主持筹备了1924年的多伦多国际数学家大会（这是在欧洲之外召开的第一次大会）。这次会议对于北美的数学水平的提高产生了深远的影响。

当菲尔兹知道了1924年数学大会的经费有结余时，他就建议以此作为基金设立一项世界性的数学奖。菲尔兹奔走欧美谋求支持，并想在1932年的苏黎世第九次国际数学家大会上正式提出建议，结果还没等到大会开幕，他就逝世了。菲尔兹在去世前立下遗嘱，把自己的遗产加到上述剩余经费中，由多伦多大学转交给第九次国际数学家大会。多伦多大学数学系的悉涅，把这个建议和一大笔钱（其中包括1924年大会的结余和菲尔兹的遗产）提交给苏黎世大会，大会立即接受了这一建议。按照菲尔兹的意见，这项奖金应该就叫国际奖金，而不应该以任何国家机构或个人的名字来命名。但是国际数学家大会还是决定把此奖命名为菲尔兹奖。数学家们希望用这一方式来表示对菲尔兹的纪念和尊重。随奖颁发的奖章的正面，则雕上希腊科学家阿基米德的浮雕头像，并用拉丁文镌刻有"超越人类极限，做宇宙主人"的格言；背面用拉丁文写道："全世界的数学家们为知识作出新的贡献而自豪。"

名扬国际的科学巨奖

第一次菲尔兹奖颁发于1936年，可在当时，并没有在世界引起多大注意，因为数学在普通人的心目中，是那样的枯燥无味，那样的不实用，而且菲尔兹奖的奖品只是一枚金质奖章和1500美元的奖金。就奖金数目来说，与动则十万乃至上百万美元的诺贝尔奖等奖金相比，可以说是微不足道。

然而，30年以后的情况就完全不一样了，从国际上权威性的数学杂志到一般性的数学刊物，都争相报道菲尔兹奖的获奖人物，菲尔兹奖的声誉不断提高，终于得到世人的认可，成为国际性科学大奖。这项由国际数学联盟

菲尔兹奖章正面、背面

（简称 IMU）主持评定的，并且只在每四年召开一次的国际数学家大会（简称 ICM）上颁发的数学奖，成为数学王国里的一颗耀眼的明珠，成为无数数学家心目中向往的目标。

　　是什么原因，让菲尔兹奖的地位在人们的心目中，慢慢变得与诺贝尔奖相当呢？原因是多方面的，但至少有三个：第一，它是由数学界的国际权威学术团体——国际数学联合会主持，从全世界的一流青年数学家中评定、遴选出来的；第二，它只在每隔四年才召开一次的国际数学家大会上隆重颁发，且每次一般只 2 名获奖者，因此获奖的机会比诺贝尔奖还要少；第三，也是最根本的一条是由于得奖人的出色才干，赢得了国际社会的声誉，他们都是数学天空中升起的灿烂明星，是数学界的精英，无论从哪一方面讲，菲尔兹奖的获得者都可以作为当代数学家的代表，像孔采维奇、泽尔曼诺夫、森重文、德里费尔德等世界知名的数学家，都曾获得过菲尔兹奖，他们的工作所属的领域大体上覆盖了纯粹数学主流分支的前沿。这样，菲尔兹奖就成了一个探视现代数学面貌的很好的"窗口"，也为它赢得很高的国际声誉。

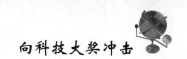

弥补菲尔兹奖的遗憾

菲尔兹奖让世界上的数学家们有了一个获大奖的机会，但自它成立以来，慢慢形成了一个不成文的规矩：为了鼓励获奖者继续努力，约定它只授予40岁以下的年轻数学家，所以年纪较大的数学家没有获奖的机会。这个遗憾在1976年得到了解决，1976年1月，由R·沃尔夫及其家族捐献1000万美元成立了沃尔夫基金会，这个基金中设立了一项沃尔夫数学奖。沃尔夫数学奖对获奖者的年龄不再作任何要求，它评奖标准不是单项成就而是终生贡献，它一年一评，在全世界范围以获奖者一生的成就来评定，正因为获奖的数学大师不仅在某个数学分支上有极深的造诣和卓越贡献，而且都博学多能，涉足多个分支，形成了自己的著名学派，他们均是当代不同凡响的数学家，所以沃尔夫数学奖自它一设立，就成为与菲尔兹奖一样重要的国际数学大奖。

在这座具有终身成就奖性质的数学大奖殿堂里，闪耀着众多耀眼的当代数学巨星。当我们遥望这些巨星时，其中有一颗是那样的耀眼。这位数学大师使数学在日新月异的21世纪仍闪耀着不朽的光芒，他就是被杨振宁誉为继欧几里得、高斯、黎曼、嘉当之后又一里程碑式的人物——"国际数学大师"陈省身。

只上过一天小学

陈省身的父亲是一位秀才，当陈省身出生时，他的父亲想起了曾子的一段语录："吾日三省吾身，为人谋而不忠乎？与朋友交而不信乎？传不习乎？"于是，这位父亲便给宝贝儿子取名为陈省身。

陈省身

说起来也许不相信，就是这样一位大数学家，小时候却只上过一天小学。原来，自小省身出生后，家里特别宠爱他，看他年幼体弱，担心他上学受人欺负，一直舍不得让他去上学。一直等到 8 岁那年，陈省身不得不去县城里的县立小学上学。可那天下午放学时，不知什么缘故，老师却用戒尺挨个打学生的手心。陈省身虽然没挨打，可这件事对他刺激太大，从此便不肯再迈进小学校门一步。

幸亏小省身很好学，不去上学，反而激发他学习的欲望，他主动自学，不懂便问当秀才的父亲，就这样一路自学了许多内容，直接到中学读了 4 年，15 岁那年，小小年纪的陈省身考取了南开理学院，这所学院就是后来的南开大学。

用他的名字来命名行星

陈省身 1930 年在南开理学院毕业后，又考取了清华大学研究生。后来，他去了美国，在数学领域开始取得一系列骄人的成就。他开创并领导着整体微分几何、纤维丛微分几何、"陈省身示性类"等领域的研究，成为第一个获得世界数学界最高荣誉"沃尔夫数学奖"的华人，被国际数学界尊为"微分几何之父"。陈省身获得沃尔夫数学奖时，身份是美国大学的教授，但就是这位美国科学院院士、英国皇家学会名誉会员、美国国家数学研究所名誉所长，一刻也没忘记自己的祖国。2000 年，陈省身定居南开大学，成为自己母校的教授、中科院外籍院士。

人们也没有忘记这位伟大的数学家，在这位国际数学大师度过他的 93 岁寿辰之际，他收到了一份特殊的礼物：国际小行星联合会小行星中心向世界公布，将中国国家天文台施密特 CCD 小行星项目组所发现的、永久编号为 1998 CS2 号小行星，命名为"陈省身星"，以表彰他对全人类的卓越贡献。

而这位伟大的数学家非常淡泊名利，在一次演讲中，陈省身以自己的导师、法国大数学家嘉当的数学人生为例，告诫今天的数学家要淡泊名利，勤奋工作，"嘉当是个很正统、很守规矩的人，我跟他去做研究是 1936 年，那年他 69 岁，除了在巴黎大学做教授，还在很小的学校教书。他这个人对于名利一点都不关心。普通人对他的工作不是很了解，只有当时最有名的数学家欣赏他。所以，他的名望是在去世之后才得到的，人们因为他的工作才记得他的名字。在 20 世纪的数学家里，嘉当是对 21 世纪的数学界影响最大的一位。

"另一位伟大的数学家黎曼，他的一生就没有得过任何奖。数学家主要看重的应该是数学上的工作，对社会上的评价不要太关心。"

陈省身说："数学虽然是基础科学，但对应用科学的研究有重大作用。"

1985 年与杨振宁在一起

他勉励数学工作者以黎曼、嘉当等数学大师为榜样，为推动数学在新世纪的发展多做一些扎实的事情。

陈省身生前曾将所获得的"邵逸夫数学科学奖"100万美元的奖金，分作数份全部捐赠给他曾学习和工作过的几所大学及研究机构。为了纪念陈省身在数学领域的巨大贡献，美国加州大学伯克利分校数学系还特地设立了"陈省身访问教授"基金，陈省身以崇高的科学成就和人格魅力赢得了无数荣誉及全世界的尊重。

仅次于诺贝尔奖的科学大奖

能得到诺贝尔奖，对科学家来说，是对自己工作成就的极大肯定。但诺贝尔奖每年的获奖名额毕竟有限，世界上就有许多科学家，论其成就，本可以获得诺贝尔奖，却因为种种原因，而与诺贝尔奖失之交臂，让世人遗憾不已。沃尔夫奖就是这样一个弥补这种遗憾的国际科学大奖，它的获奖者入选原则，就是挑选那些应该得诺贝尔奖而没有得到的杰出科学家。自1978年这项世界性的科学大奖首次颁发以来，论其影响和学术声望，它已逐渐成为一项仅次于诺贝尔奖的国际性多学科大奖。

沃尔夫奖的由来

沃尔夫奖是1976年犹太人发明家R·沃尔夫在以色列设立的，1978年，这项国际大奖举行了首次颁奖典礼，以后，它每年颁发一次。它授奖学科有物理学、数学、化学、医学和农业，1981年，又增设了艺术奖。

R·沃尔夫1887年生于德国，他的父亲是德国汉诺威城的五金商人。成年后的沃尔夫大学毕业后，开始研究化学，并获得博士学位，后来，他离开了德国，移居到了古巴，曾出任古巴驻以色列大使。他用了近20年的时间，经过大量试验，历尽艰辛，终于成功地发明了一种从熔炼废渣中回收铁的方法，从而成为百万富翁。1975年他以"为了人类的利益促进科学和艺术"为宗旨，发起成立沃尔夫基金会，设立了沃尔夫奖，征得沃尔夫家族成员捐赠的基金共1000万美元作为奖金基金，由董事会（由5名沃尔夫家族成员组成）和理事会（由以色列文化教育部长负责，若干名以色列学者和官员组成）

沃尔夫基金会

领导，下设评奖委员会负责评奖事宜，评奖委员会由每学科领域 3～5 人组成，逐年更换。

　　沃尔夫奖从 1978 年开始颁发，通常是每年颁发一次，金额为沃尔夫基金的年息，每学科单项奖的奖金为 10 万美元，可以由几人分得。

"杂交·水稻之父" 的传奇故事

　　2004 年 1 月 13 日，位于湖南的国家杂交水稻中心收到了从以色列沃尔夫基金会传来的喜讯：2004 年沃尔夫农业奖由该中心 73 岁的袁隆平先生与美国康奈尔大学的塔克斯莱分享，以表彰他们对杂交水稻所作出的贡献。沃尔夫奖评审委员会称，袁隆平是"现代农业研究史上一个科学巨人，他对世界性的食物生产产生了极大影响。在他的领导下，来自不同研究机构和大学的数百名科学家，经过 10 年的合作研究，使水稻产量总体提高了 20%，中国的水稻产量提高了 50%。为帮助增加世界食物供给，他还向世界各国的科学家提供了他的知识、技术和育种材料"。

　　袁隆平，一个光凭这三个字就值 1008.7 亿元的人，人称"杂交水稻之父"。他是中国研究杂交水稻的创始人，是世界上成功利用水稻杂交优势的第一人。他培育的杂交稻被西方国家称为"东方魔稻"。国际上甚至把杂交稻当作中国继四大发明之后的第五大发明，誉为"第二次绿色革命"。

1949 年，中华人民共和国刚成立，袁隆平 19 岁，在当时，学农的人非常少，但袁隆平的选择却偏偏与众不同，他选择并考取了重庆相辉学院的农学系，也就是现在的西南农学院的前身，高高兴兴地跳进了"农门"。1953 年毕业后，作为新中国的第一代大学生，袁隆平被分配到湖南的安江县农校，当上了一名教师。

安江县位于湘西雪峰山麓，偏远且落后。就是在这样的艰苦环境里，袁隆平通过不断地探索和研究，1966 年，他在《科学通报》上发表了《水稻的雄性不孕性》这篇著名论文，这是一篇对杂交水稻研究具有划时代意义的论文。证明了培育杂交水稻的理论设想是科学的，是切实可行的。袁隆平的发现，不仅仅是一个简单的水稻育种课题的选定，而是冲破了陈旧理论的束缚，开创了一个在世界上具有创新意义的研究领域。

到了 1973 年，袁隆平与他的同事们历时 9 年的艰辛探索，终于走出了困境，取得了两个方面的重大突破：一是育成了适合长江流域作双季早稻的优质、高产双季早稻组合；二是选育了超高产亚种间苗头组合，这些苗头组合达到了每公顷产量 100 千克的超高产指标，比曾经轰动一时的国际水稻研究所制定的超级稻育种计划提前了 6 年达标。同时，袁隆平还在世界上首次培育出了杂交水稻，第一个具有较强优势的杂交组合"南优 2 号"试种获得成功，这一下子将水稻的产量从每亩 300 千克提高到了 500 千克！真是十年磨一剑，袁隆平用了整整十年的时间，把理论中的杂交稻变成了现实。杂交水稻的研究成功，开辟了粮食大幅度增产的新途径，给我国的水稻生产带来了一次飞跃。1975 年，我国国务院迅速作出了扩大试种和大量推广杂交水稻的决定。从 1976 年到 1999 年，全国累计推广杂交水稻 35 亿亩，每年仅增产的稻谷就可以养活 6000 万人口，在很大程度上解决了中国人的吃饭问题。1981 年 5 月，经国务院批准，国家科委发明评选委员会授予袁隆平国家技术发明特等奖，这是我国的第一个、也是迄今为止颁发的惟一一个特等发明奖。

袁隆平在获奖现场

袁隆平每年手里多的时候掌握着几千万元科研经费，但他的生活却极其简朴，他没有名车豪宅，他房间里就是一张简易大床，两把竹椅，简陋得不能再简陋。国家杂交水稻中心给他买了一台彩电，他把彩电放在会议室，与大家蹲在凳子上一边看电视，一边聊天。看完新闻后，继续工作。他就与50多名工作人员吃住在基地。基地坐落在三亚市东郊荔枝沟警备区农场，条件艰苦。在这里，没有职位高低，院士、研究员、博士、研究生一律下田。袁隆平的儿子、儿媳大学研究生毕业，跟大伙一样，天天下地，默默工作。

袁隆平成为了家喻户晓的大科学家，但他从不修边幅，脸色黝黑，有的人笑他太老"土"。他说："我现在天天和农民在一起，如果穿得像个城里人，就会让他们觉得生分，他们就不会和你交心了。我国农民有很丰富的水稻种植经验，应该向他们学习。再说，穿得挺挺括括的，怎么下地？我可没想那么多。"这就是一个大科学家非常质朴的心声！

现在，已有20多个国家引种杂交稻，联合国粮农组织把在全球范围内推广杂交稻技术作为一项战略计划，从20世纪90年代以来，专门立项支持在世界一些产稻国家发展杂交水稻，袁隆平受聘为联合国粮农组织的首席顾问，他更忙了。这些年，他每年都要出国指导，多次赴印度、越南、缅甸、孟加拉等国指导，并为这些国家培训技术专家。仅从1981年至1998年，湖南国家杂交水稻研究中心共举办了38期国际杂交水稻培训班，培训了来自15个以上国家的100多名科技人员。

这就是一位获得科学大奖的科学家的生活。

奖金数额最高的科学奖

要问当今世界上奖金数额最高的科学巨奖是哪一个？非芬兰千年技术大奖莫属。这个设立于 2002 年的科学奖，被认为是当今世界上奖金最高的单项科学奖，它的奖金数额为 100 万欧元。该奖每两年评选一次，凡是全世界对人类发展作出过巨大贡献的科学家均可获得提名，经芬兰千年技术大奖基金会国际专家组推选参评。

这项才问世不到几年的科学大奖因为它高额的奖金，一问世便受到世人的广泛关注。谁是第一位获得此项大奖的"科学宠儿"？获奖者凭什么科学成就，让如此众多的评委对他赞赏有加，从而让他在 20 多个国家科学家的角逐中脱颖而出呢？

万维网之父

2004 年 4 月 15 日，首届"千年技术奖"颁奖大会在芬兰埃斯堡市迪波早会议中心举行，这次会议可谓盛况空前，共有来自 22 个国家的 78 名科学家参加了此项科学大奖的角逐。最终，芬兰千年技术大奖基金会宣布：万维网的发明人、英国科学家蒂姆·白纳斯－李获得首届"千年技术奖"。

这位万维网的发明人在成为世界首位"千年技术奖"得主的同时，也获得了生平最大的一笔奖金。了解他的人均异口同声地说，这是他该得到的！当人们每天打开电脑，在互联网广博的世界里冲浪时，在感叹网络世界给人带来的种种好处时，很少有人想到这一切竟是伯纳斯－李一人创造的，也很少有人知道他本可以凭此专利，成为世界顶级首富，而他却大度无价出让。

万维网之父

1955 年 6 月 8 日，伯纳斯－李出生在英国伦敦的西南部一个计算机世家，他的父母都是英国计算机界的名人，曾参与了英国第一台商用计算机的研制工作，他从小便耳濡目染。在家庭这种氛围的影响下，伯纳斯李在牛津大学的女王学院学习期间，就用从旧货商店花 7 美元买回的电视机，与 M6800 处理器、烙铁、电路板一起，组装出了自己的第一台电脑。

从牛津大学毕业后，伯纳斯－李先后进入了 Plessey 通讯公司和 Nash 技术公司工作，但他真正开始研究互联网是在加入日内瓦的欧洲粒子物理研究所后。作为一名软件工程顾问，伯纳斯－李编写了一个名为"Enquire"的信息处理工具，它就是万维网"WWW"的最初雏形。经过一番努力，1989 年，伯纳斯－李在 Enquire 的基础上，提出了利用超文本重新构造信息系统的设想，并设计出供多人在网络中同时管理信息的超文本文件系统。1990 年，他在当时的网络系统上，开发出了世界上第一个网络服务器 Httpd 和第一个客户端浏览编辑程序 World WideWeb，即万维网。同年 12 月，CERN 首次启动了万维网并成立了全球第一个 www 网站 info. cern. ch（至今仍是 CERN 的官方网站），第二年万维网开始得到广泛应用。在此之后，伯纳斯－李又相继制定了互联网的相关技术规范，并在美国麻省理工学院成立了非盈利性互联网组织 W3C，一直致力于互联网技术的研究。

因为在互联网技术上的杰出贡献，伯纳斯－李被人们称为"互联网之父"。

最无私的科学工作者

伯纳斯－李的发明改变了全球信息化的传统模式，带来了一个信息交流的全新时代。然而比他的发明更伟大的是，伯纳斯－李并没有像其他人那样为"www"申请专利或限制它的使用，而是无偿地向全世界开放。伯纳斯－李本来可以在金钱上与盖茨一比高低，但他的这一举措却为互联网的全球化普及翻开了里程碑式的篇章，让所有人都有机会接触到互联网，也圆了那些 .com 公司创建者们的富翁梦。时至今日，每当有人为此事感慨时，伯纳斯－李仍然十分谦虚，总是以一种平静的口气回答说："我想，我没有发明互联网，我只是找到了一种更好的方法。"

有人说："如果'计算机和互联网'是一门传统科学的话，那么伯纳斯－李无疑将获得一枚诺贝尔奖章。"这话说得一点也不过分。不过，首届"千年技术奖"的获得，多少弥补了人们心中这一遗憾。美国《时代》周刊将伯纳斯－李评为了世纪最杰出的 100 位科学家之一。

普里斯特利奖章

约瑟夫·普里斯特利是英国化学家，人称"气体化学之父"，他因为发现氧而在化学史上占据重要一席之位，在英国，至今还立有他的全身塑像。奇怪的是，约瑟夫·普里斯特利本是英国人，但是以他名字命名的普里斯特利奖章现在却成了美国化学界最高荣誉。这是怎么一回事呢？说起来，这背后还有一段神奇的故事呢。

气体化学之父

约瑟夫·普里斯特利 1733 年 3 月 13 日出生在英国利兹，因为家境困难，普里斯特利从小由亲戚抚养，直至长大成人。长大后的普里斯特利进入神学院学习，毕业后，他成了一位牧师。不过，在工作之余，化学成为他的业余爱好，他迷上了化学。

约瑟夫·普里斯特利

普里斯特利非常勤奋好学，他一生在化学、电学、自然哲学、神学等方面都有很多著作。他写了许多自以为得意的神学著作，然而使他名垂千古的却是他的科学著作。1764 年，他 31 岁，便写成了《电学史》。这在当时是一部很有名的著作，由于这部书的出版，1766 年他当选为英国皇家学会会员。后来，普里斯特利又写成了另一部科学

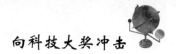

著作《光学史》。这本书也成为 18 世纪后期的一本科学名著。

当然，他在科学上的最大成就，是在化学研究上。那时候，普里斯特利在利兹一方面担任牧师，一方面开始从事化学的研究工作。慢慢地，他对气体的研究开始显露出超人的本领。他利用制得的氢气，研究该气体对各种金属氧化物的作用。同时，普里斯特利还将木炭放置在密闭的容器中燃烧，发现能使五分之一的空气变成碳酸气，用石灰水吸收后，剩下的气体不助燃也不助呼吸。由于他虔信当时科学界盛行一时的燃素说，因此把这种剩下来的气体随意叫成"被燃素饱和了的空气"。而实际上，他是用木炭燃烧和碱液吸收的方法，除去空气中的氧和碳酸气，制得了氮气，这在当时是一个重大的发现。此外，他发现了氧化氮，并用于空气的分析上。还发现或研究了氯化氧、氨气、二氧化碳、氧化二氮、氧气等多种气体。1766 年，他的《几种气体的实验和观察》三卷本书出版，该书详细叙述各种气体的制备或性质。由于他对气体研究的卓著成就，所以他被称为"气体化学之父"。

最有趣的争吵

1774 年的一天，普里斯特利把氧化汞放在玻璃皿中，用聚光镜加热，发现它很快就分解出气体来。他原以为放出的是空气，于是利用集气法收集产生的气体，并对这种未知的气体进行研究，发现该气体能使蜡烛燃烧更旺，呼吸它能让人感到十分轻松舒畅。这实际上就是氧气，普里斯特利制得了氧气，这可是有史以来第一人！他还用实验证明了氧气有助燃和助呼吸的性质。

令人可惜的是，由于普里斯特利是个顽固的燃素说信徒，一直认为空气是单一的气体，所以他仍然把这种制得的新气体叫"脱燃素空气"，认为其性质与前面发现的"被燃素饱和的空气"（氮气）差别只在于燃素的含量不同，因而助燃能力不同。同年，他到欧洲参观旅行，在巴黎，他碰到了著名科学家拉瓦锡，两位科学巨匠谈得非常投机，彼此交换了好多关于化学方面的想法，普里斯特利顺便也把用聚光镜使氧化汞分解的试验告诉了拉瓦锡。这一

次谈话，让拉瓦锡得益匪浅。等普里斯特利走后，拉瓦锡忍不住着手重复起普里斯特利有关氧的试验，并与大量精确的实验材料联系起来，进行科学的分析判断，提出了燃烧与氧化学说，从而彻底揭示了燃烧和空气的真实面目。

这样过了将近十年，到了1783年，拉瓦锡的燃烧与氧化学说已普遍被人们认为是正确的时候，原本最先发现氧气的普里斯特利反而一直反对氧化学说，他拒不接受拉瓦锡的解释，仍然坚持自己错误的燃素说，并且写了许多文章反对拉瓦锡的见解。这在化学史上是非常有趣的一幕，是呀，一位发现氧气的人，反而成为反对氧化学说的人。尽管如此，但普里斯特利所发现的氧气，是后来化学蓬勃发展的一个重要因素，因此各国化学家至今都还很尊敬普里斯特利。

1791年，由于普里斯特利同情法国大革命，作了好几次为大革命的宣传讲演，因而受到一些人的迫害，家被抄，图书及实验设备都被人用火烧了个精光。他只好只身逃出，躲避在伦敦，但伦敦也难于久居。1794年，61岁的他不得不移居美国，在美国继续从事科学研究，1804年，他不幸病故。

也正因为这一段经历，英、美两国人民都十分尊敬他，在英国他的家乡，立有他的全身塑像。在美国，他住过的房子现在已建成纪念馆，以他的名字命名的普里斯特利奖章也成为美国化学界的最高荣誉。

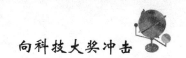
环境科学的最高奖——泰勒环境奖

地球，是我们生存的唯一家园，保护环境，是地球第一位公民应尽的责任。自环境科学设立以来的几十年里，越来越显示出它的重要性，它的发展速度，是其他基础学科根本无法比拟的。在这个日新月异的科学领域，也有专门的大奖来奖励那为保护环境而作出贡献的人们，而美国的泰勒环境奖，无疑是环境科学工作者心目中的最高科学大奖。

泰勒环境奖有"环境科学的诺贝尔奖"之称。该奖由美国人约翰·泰勒和爱丽丝·泰勒于 1973 年创立，由美国南加州大学负责管理。该奖为年度奖，获奖者除得到 15 万～20 万美元奖金之外，还会得到一块金牌。设立该奖项的目的在于奖励在生态和环境领域内从事对人类有重大利益的科研项目的个人和科研集体。获奖者须在与美国南加州大学一起召开的年会上交一篇适合演讲的论文或出版物。2002 年，泰勒环境奖的领奖台上，走上一位黑眼睛黄皮肤的中国人，他因为有关黄土的研究成果，成为获此大奖的首位中国科学家。他，就是中国科学院院士、中国科学院地质与地球物理研究所研究员刘东生。

用 50 年来认识黄土

打开中国地图，当我们的目光扫视整个中国时，黄土高原总以它那特有的黄色吸引着我们。面对那铺天盖地的黄土，当年复一年，人们惊呼黄土高原的黄土对环境的污染时，却有一位中国科学家年复一年，将一生的心血都奉献给了它。半个世纪以来，刘东生始终痴情于黄土，从中寻找全球环境变化的故事，以及对当今环境问题的启示。

黄土是刘东生一生的挚爱。1954 年，刘东生来到中科院地质所，从此与中国独有的黄土打起了交道，这一干就是 50 多年。30 年后，他和同事们拿出了一本被国内外同行奉为经典的专著：《黄土与环境》。

数百万年来，风将黄土从远方搬移到中国北部，在黄土高原上形成了厚厚的沉积层。在那本专著中，刘东生和同事们提出，一层层的中国黄土，蕴藏着 200 万年来一个个的地球故事，从而在传统的海洋沉积物和极地冰岩心以外，增加了一种非常难得的环境变化标本：中国黄土，为全球环境变化研究作出了突出贡献。

此后，刘东生和同事们开始解读中国黄土背后那一个个地球故事。这些研究为人类今天面临的环境问题，诸如黄土高原的水土流失、沙尘暴的频繁发生，提供了非常重要的决策依据。

例如，他们的研究表明，黄土高原上从来就没有过大面积的森林植被。在一些黄土地区，树木难以扎根，即使种上了，过上几年也可能死掉。因此，环境治理必须因地制宜。

这些研究成果的后面，隐藏着巨大的艰辛。刘东生对当时的情形是这样描述的："每年有几个月在野外奔走，为了工作可以披星戴月，不带任何行

刘东生

李，在黄土高原上走到哪里，睡到哪里。"

野外工作还意味着风险。原始黄土层往往位于悬崖峭壁，爬上去采样的时候，很有可能摔下来，非死即伤，非常危险。可刘东生为了采集到好的样本，照爬不误，置生死于度外。他几乎走遍了整个黄土高原，直到现在，他当年走过的很多地方，后来再没有人去过。在这些地方，刘东生采集了数不清的黄土样品。

不过，在刘东生眼里，这样的危险并不是最大的障碍，他常说："科学研究的艰苦性，往往寓于它的连续性之中。"正是这样认真和严谨的治学态度，年复一年的勤奋和努力，让刘东生成为黄土研究的科学先驱。

"老队员"的惊人之举

刘东生为了科学，敢于探险是出了名的。1991 年，73 岁的刘东生作出一个惊人的决定：参加南极考察队。要知道，去南极的一般都是年轻力壮的中青年人，考察队起初并不"欢迎"他。可他到处"游说"，考察队没办法，最后只有接受这位不服老的"老队员"。1996 年，刘东生又去了北极的斯瓦巴德岛。他的考察两极的梦想终于实现了。有人问他，为什么在年迈之际做出一个个惊人的壮举？他的回答是，自己喜欢实地踏访，也是由所从事的学科特点决定的。

而早在 1964 年起，刘东生曾参加领导了希夏邦马峰、珠穆朗玛峰、托木尔峰、南迦巴瓦峰等高峰的多次科学考察，为中国的高峰科学考察事业闯出了一片天地。在多年的考察中，他和同事们发现了青藏高原许多不寻常的地方。如今，雅鲁藏布江大峡谷已被确认为世界第一大峡谷，青藏高原上空存在的臭氧低谷也得到确认，这些都归功于刘东生的研究。在多次考察世界第三极——青藏高原以后，刘东生并不满足。他想探访地球上更多的地方，特别是南极和北极。

中科院地质所流传着这样一则趣事。2000年，刘东生软磨硬泡，要随队去南沙考察。考察队就准备了几套方案，以便在老先生晕船时迅速送回岸上。谁能想到，刘老先生年轻的时候，竟然拿过天津市的100米自由泳冠军。结果呢，船上的年轻人几乎全趴下了，老先生却仍神采奕奕。也许是多年艰苦的野外生活，养成了老先生乐观幽默的个性，当拿到"泰勒环境奖"这一环境科学的国际最高奖项时，刘东生幽默地对记者说"我可以回家向老师报喜了！"其实，早在1942年从西南联合大学地质系毕业后，刘东生师承中国地质调查所著名科学家杨钟健进行鱼化石研究，曾获得过古生物领域颇有影响的马以思奖，因此此次得奖并不是第一次。

如今，刘东生老当益壮，依然牵挂着心爱的中国黄土、青藏高原，以及南北两极科学研究的最新进展情况。从美国捧回泰勒奖以后，他又像往常一样，每天去办公室上班，还要去中科院研究生院讲课。

他得到以自己名字命名的大奖

在能源越来越紧张的今天，核能已成为人类最重要的能源之一。为了奖励在核能的开发、利用或控制方面取得杰出科技成就的科学家，美国政府于1954年设立了费米奖。

费米奖尽管由美国政府设立，但仍算得上是一项国际奖，因为它不授予单项成果，而是以获奖者一生的功绩作为评价标准，予以奖励，一般每年颁发一次，所以获奖者大多是功成名就的科学泰斗，由此让费米奖名扬国际科学界。费米奖获奖候选人由美国全国科学院院士、各科学技术学会的官员和其他有专业知识或专门特长的人士提名推荐，推荐人还包括其他国家政府机构的负责人以科学界人士。费米奖的评选与颁发工作由美国能源研究和开发署负责，初评出来的人选，最后需要经过美国总统的批准才能生效。费米奖的获得者除了可以得到一笔25000美元的奖金外，还有一枚金质奖章和一份荣誉状。如果获奖者超过一人，奖金数额就变成50000美元，由几个获奖者平分。

费米奖是以著名的美籍意大利物理学家恩里科·费米的姓名命名的，以纪念他对原子物理学研究所作出的巨大贡献。而最令人称奇的是，1954年，这位在现代物理理论和实验方面都有第一流建树的科学家，在逝世之前获得首届以他名字命名的费米奖，这也许是颁奖史上最独特的一幕。

学生给老师上课

1901年9月29日，意大利罗马城里一个普通铁路员工的家里，一个又瘦又小的婴儿呱呱坠地了，他就是恩里科·费米。从幼年起，小费米就表现出

费米

十足的好奇心和极强的自制力。街上孩子们在抽陀螺，小费米却在一旁望出了神。他正在想：为什么陀螺旋转时直立不倒，为什么慢下来时轴与地面有个夹角？

费米从小喜爱书籍，酷爱学习。罗马有一个著名的百花广场，每逢星期三这天，许多商人都来到这个露天市场摆摊，从活鱼到鲜花，从古董到旧衣服，应有尽有。费米对百花广场很熟悉，每星期三他总要来这里的地摊上搜索一番。原来，从小就喜欢读书的费米根本不满足课堂上所学到的那点知识，他对数学和物理特别感兴趣。但是一来他没有什么零用钱，二来他的父亲又没有藏书，费米就只好到百花广场买一些价钱很便宜的旧书。有一次，费米如获至宝地买到了一部用拉丁文写的论述数学物理的书，他如饥似渴地"啃"起这本大部头著作，被书中介绍的有关波的传播、行星的运动、海洋潮汐的循环等知识深深地吸引住了。

费米的母亲是一位中学教师，非常支持费米这方面的学习爱好，这让读中学时的费米表现非常优秀，他成为学校的模范学生，各方面成绩总是名列前茅。

费米对发明创造非常着迷，他曾和哥哥一起设计和制造了一台简易电动机，还设计了飞机引擎等，这些设计活动，更增加了他对科学的热爱。在所有的学科中，他偏爱数学和物理，在这种兴趣的引导下，小费米有时总能做出一些让大人吃惊的举动。费米 10 岁时，有一次无意中听到大人们谈论用 $3.15 \times 10^8 \mathrm{m/s}$ 表示圆，对这听来的如同天书般的交谈，小费米决定独自弄懂它，他抱着书本左看右翻，终于通过自学弄清了这一难懂的表示式。他常常一个人就这样独自抱着书本钻研，由此自学了大量的代数、几何、分析题目等方面的知识。

17岁时，费米以第一名的成绩考入比萨大学师范学院。他的入学试卷中有道"声音的特性"试题，详细探讨了振动杆的实例，写出了振动杆偏微分方程。主考官对这一通篇无错的答卷惊讶万分，交口称赞，认为这是意大利科学复兴的希望之作。进入大学后，学校图书馆里藏量丰富的书籍成为他最好的老师。在比萨大学，这位天才学生被认为是相对论和量子理论的最高权威，甚至被邀请给学校的教授们讲授爱因斯坦的相对论。

1922年，年仅21岁的费米获博士学位，1926年起任罗马大学教授。此后10年，是他进行科学创造的黄金时代，并在他周围形成著名的罗马学派。1938年，费米因"发现中子轰击产生的新放射性元素并发现用慢中子实现核反应"，获得诺贝尔物理学奖，并移居美国。

打开原子能的大门

1934年以后，核物理进入新的发展阶段。法国的居里夫妇宣布发现了最新研究成果：稳定的原子核在高速粒子轰击下变成放射性核。费米认为中子有较大速度和能量，所以决定用中子来轰击重元素。试验在罗马大学物理楼紧张而有序地进行，费米带领大家按元素周期表顺序逐个轰击。氢、锂、硼、碳……没一种元素被击活。大家感到失望时，费米要大家冷静坚持下去。奇迹终于出现了！当氟被强热激活时，平静的实验室一片欢腾，为庆祝胜利，助手们把费米抛了起来。经过两个月试验，他们找到30多种放射性同位素。费米与他的同事们在这方面的工作，奠定了中子物理学的基础，他被誉为"中子物理学之父"。

1939年初，两位德国科学家在柏林用慢中子轰击铀，裂变过程释放出大量核能。这使费米异常兴奋，并开始进行理论论证。很快，他提出一个假说：铀分裂时放射中子，一个铀原子释放两个中子，这两个中子又同时去打碎另两个铀原子，又使它们各放射出两个中子，这样持续下去，直到铀原子全部分裂完为止，这就是链式反应。这一理论的重要意义是，每个原子被中子轰

击分裂时能释放出巨大能量。这就为和平利用原子能奠定了理论基础。

从 1939 年到 1942 年，在攻克了中子减速和减少中子逸失两个难关后，费米科学小组开始筹建第一个核反应堆。在美国芝加哥大学体育场下面的网球场，40 多名科学家经过 6 个星期的紧张筹建，迎来了具有历史意义的一天：1942 年月 12 月 2 日下午，费米亲自下令第一个可控链式反应开始进行实验，从此，这一具有划时代意义的实验把人们带入引原子能时代。

令人遗憾的是 1945 年 8 月 6 日、9 日，日本广岛、长崎的爆炸声震撼了全世界，费米决定离开"战争科学"，回到基础研究。不久，费米回到芝加哥，成立了核研究所。慢慢地，在他身边又聚集了大批富有创见、年轻的科学家，他直接培养的学生就有 5 人获得诺贝尔奖，其中就有我国的杨振宁、李政道两位科学家。

1954 年 12 月 9 日，病魔夺去了费米的生命，人们将永远怀念这位为世界打开原子能大门的科学巨人。费米一生主要从事统计物理、原子物理、原子核物理、粒子物理、天体物理和技术物理等方面的研究，他先后获得德国普朗克奖章、美国哲学会刘易斯奖学金等大奖。1953 年被选为美国物理学会主席。甚至为了纪念他对科学的贡献，1955 年原子序数 100 的人工所制元素被命名为镄。

世界生物多样性领导奖

世界生物多样性领导奖是国际上专门针对世界生物多样性这一新兴学科设立的最高奖项，1995 年，美国贝基金会和保罗基金会有感于此新兴学科的重要性，为了促进这一学科的发展，更好地保护地球的生物，于是他们联手发起，组织了世界上 10 个在生物多样性研究领域领先的著名科研单位一起，设立了此项科学大奖。这两个基金会联合的 10 个科研单位包括哈佛大学、美国自然历史博物馆、耶鲁大学、密苏里植物园、海洋生物学研究室（马萨诸塞州）、洛杉矶自然历史博物馆、索尔克生物学研究所、圣达菲研究所、圣地亚哥动物学会和野生生物资源保护协会等，这些单位在生物多样性研究领域均走在世界前列，因此，这一奖项一设立，便受到国际社会的广泛关注。

世界生物多样性领导奖由这两个基金会负责颁发，每三年一届，该奖项面向个人，奖励每位获奖人 18 万美元，以表彰获奖者在此领域取得的科学成就。2002 年，世界生物多样性领导奖首次授予亚洲科学家、我国学者、中国科学院昆明动物研究所研究员张亚平，从而在生物多样性研究领域领奖台上，留下了中国人的身影。

十多年来，张亚平致力于研究动物的进化历史和遗传多样性，在分子水平系统内澄清了一些重要动物类群的深化之谜，与同事们建立起中国最大的野生动物 DNA 库。评奖委员会认为，张亚平的工作有助于提示动物的遗传多样性与物种濒危的关系，为制订有效可行的保护计划提供了科学依据，对中国主要家养动物的起源、不同民族人群基因多样性的研究、提示人类的扩散与迁移历史，也提供了新的线索。

野生动物

小鸽子引发的兴趣

张亚平对研究动物的兴趣，来源于他小时候曾养过的一对小鸽子。鸽子每天飞出去又准时飞回，即使把它们带到很远的陌生地方，它们仍能飞回家，这种习性激起了张亚平极大的好奇。源于这种好奇心，张亚平开始对五彩斑斓的动物世界产生浓厚的兴趣。1986 年，张亚平从复旦大学生物系毕业，毕业后，他没有像大多数人选择的那样留在繁华的大都市，而是回到了素有动物王国和植物王国美誉的家乡——云南，选择了昆明市郊的"细胞与分子进化开放研究实验室"，师从著名遗传学家施立明先生，从事动物遗传学研究。从 20 世纪 80 年代中期开始，张亚平一直致力于研究动物和人的进化历史和遗传多样性。

张亚平回忆当初的选择时说："我十分喜欢动物遗传学。大学毕业之前，我查了些文献，看到一些施立明的文章，觉得他工作做得非常出色，他的研究方向是我非常感兴趣的。云南又是一个动物王国，为我将要做的研究提供了得天独厚的条件，也是一种机遇。"此时，施立明领导的实验室已是国内动物染色体进化做得最好的实验室。因为张亚平是学生物化学的，有着分子生物学方面的专业知识，所以施立明院士果断地把实验室开辟分子遗传学方面的研究工作交给张亚平。于是，一个大学刚刚毕业，二十岁出头的小伙子，肩负着恩师的信任与器重，从零开始探索新的实验领域。

许多工作都是白手起家，没有提取 DNA 微量样品所必需的微量移液枪，张亚平就用微量注射器和烧杯来代替。每当做完一个实验，满室乱成一团，大量的烧杯需要一个个仔细清洗，条件非常艰苦。正是用这种原始又艰苦的方法与设备，年青的张亚平完成了当时还没有人系统做过的"猕猴属的线粒体 DNA 的多态性研究"。

有意思的研究

1994 年，正在美国圣地亚哥动物协会分子遗传学实验室做博士后研究的张亚平，突然接到导师施立明院士因病逝世的噩耗，为了让导师领导的中国科学院重点实验室——细胞与分子进化开放研究实验室的工作继续下去，张亚平继承导师遗志，毅然携家回到昆明，出任该实验室主任。他立足于西南的少数民族和动物资源优势，通过重要的科学问题与特色资源的有机结合，逐渐形成具有竞争力的研究特色，迈入了生物多样性国际研究的前沿，由此带领实验室的同事们刻苦工作，很快使实验室走出低谷。

张亚平的研究非常有意思，是他和瑞典研究小组一起证实，全世界的狗具有相同的遗传基因，它们实际上是一家子，全世界各地的狗，老家的老家都在东亚，是到后来才逐渐扩散到世界各地的。而且，狗今天的认知能力已远远超过其他物种。世界著名的《科学》杂志曾将这些发现作为封面文章予以发表。

他和他领导的研究小组，深入研究灵长类、食肉类、兔形类和啮齿类的进化，在国际上建立了第一个较为全面的熊超科分子系统树，阐述了大熊猫

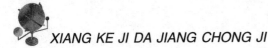
等的进化地位。他们发现汉族人群中存在明显的地理分化，其基本特点是，南方群体间的差异较大，北方群体间的差异较小；而且南方群体中保留有较北方更多的古老类型。

他系统地研究了我国许多濒危和非濒危物种的遗传多样性，发现遗传多样性的缺乏与物种濒危之间没有必然的对应关系。他们将这种现论成果用于帮助和指导遗传多样性保护的实践工作，如鉴定大熊猫的"家谱"，参与大熊猫的异种克隆研究，负责其中重构胚的分子鉴定，这项科研成果被评为1999年国内十大科技新闻之一。

1965年出生的张亚平，是我国目前最年轻的科学院院士。到目前为止，年轻的院士已培养出了几十个博士、硕士，他的研究生中有的已超过他当年的同期水平，不少学生获得了中科院院长奖学金特别奖、优秀奖或其他院级的冠名奖学金。他至今还记得导师施立明说过的一句话："如果对研究没有浓厚兴趣，最好趁早改行。"现在，他也用同样的话告诫他的学生。他说："兴趣能激发人的灵感和穷追不舍的动力。科学研究虽然十分辛苦，但只要有兴趣，你愿意为它付出很多，甚至是毕生的心血。"

经久不衰的科学大奖

科普利奖章是一项历史非常久远的科学奖，由英国皇家学会于 1731 年设立，至今已有 200 多年的历史，算得上是年代最久远的科学巨奖了。因为奖项的基金来源于英国皇家学会高级会员戈弗里·科普利爵士的遗嘱捐赠款，所以这项奖以他的姓氏命名，来表示对他的纪念和感谢。

科普利奖章授予自然科学研究领域杰出论著的作者。研究的主题由英国皇家学会指定，同时这些论著必须是已经发表的，或者是向英国皇家学会通报过的。评选工作由英国皇家学会理事会负责。为使评选的公正性得到保证，学会现任理事不能是科普利奖章的获奖候选人。此外科普利奖章对获奖人的国籍、种族等没有任何限制，对获奖项目完成的时间阶段也没有任何限制，同一个人可以因不同的项目多次获得本奖，这一奖章只在作者生前授予，死

科普利奖章

后不予追授。科普利奖章每年颁发一次，授予获奖者一枚镀金银质奖章，同时还奖给 100 英镑的一笔奖金。这笔奖在今天看来数额并不大，可在当时却相当可观。从 1957 年开始，数额为 1000 英镑的约翰·贾菲奖与科普利奖章合并，也就是说，科普利奖童现在的奖金数额已增加到 1100 英镑。但如果获奖人已获诺贝尔奖，那么获奖人仍只能得到 100 英镑的奖金。

就奖金数额而言，科普利奖章远比不上世界上其他许多奖，但它是英国最古老的一项科学奖，学术地位很高，获奖者多是世界上著名的学者，许多获奖者中有不少人都是诺贝尔奖金获得者，如著名科学家赫胥黎（达尔文进化论的主要支持者）的孙子安德鲁·赫胥黎、桑格博士（曾两次获得诺贝尔奖），还有霍奇金教授和克里克博士等，而且它经久不衰，因而成为一项有影响的科学大奖。

有趣的静电现象

现在几乎没有人不知道有两种不同性质的电：正电和负电，也就是日常所说的"阳电"和"阴电"。但人类发现正电和负电却不是一件容易的事情，而是进行了艰苦的探索，做了大量科学实验才发现的。可是，你能够相信吗？这一奠定电学实验研究基础的发现却是一位业余科学家的成果，实验是他在养老院早开始进行的。他就是第一枚科普利奖章的获得者格雷，人称"电学研究的先驱"。

格雷大约出生于 1670 年，他正式的职业原来只是一个普通的染匠。但是，格雷特别喜欢科学研究，他几乎把所有的业余时间都花在科学实验上。经过多年努力，格雷终于成为英国的一位大物理学家，并且把人类对电的探索引上了进行实验研究的科学道路。

早在 1720 年前，格雷就在业余时间开始研究电现象。现在，就是小学生也知道塑料、丝绸等物品经摩擦后，会产生静电，但在当时，限于科学技术的落后，人们只知道琥珀、水晶、硫黄、树脂等刚性物体摩擦后可以吸引轻小物体，也就是说，它们能够带电。格雷通过一系列实验，率先发现了头发、羽毛、丝绸等柔软物体经摩擦后也可以带电。他把这些发现写成了一篇论文：《关于一些新电学实验的说明》。论文一发表，就引起了同行的极大关注，同时这一重大发现，也让伦敦皇家学会将第一枚科普利奖章授予格雷。

养老院里的科学实验

晚年的格雷有点孤独，是在养老院里度过的。在养老院生活期间，他仍然坚持研究电学问题。

1729年的一天，格雷闲来无事，碰巧得到一根两端带软木塞的玻璃管，他想：嘿，正好没事，何不用它来做个实验玩一玩呢。于是，他拿起这根管子，专心致志地做起了电学实验。他首先摩擦玻璃管使其带电，然后用玻璃管吸引羽毛，观察它们的相互作用。长期的科学实验，让格雷虽然年纪大了，但还保持着敏锐的观察力，这时候，格雷敏锐地发出了一个新的现象：软木塞和玻璃管一样，也能够吸引起羽毛。可是，软木塞并没有受到摩擦呀，怎么会带电呢？格雷怎么也想不明白。软木塞是不是通过玻璃管而传导带电的？想到这里，格雷就进一步用木杆、金属丝、绳索、细线等其他物体进行实验，结果发现了自然界存在着两类不同性质的物体，一类物体可以传导电力，另一类物体则不能传导电力。

1733年，格雷正式发表了他的这项研究成果，让世人称奇不已。

欧姆定律

欧姆是德国物理学家，也是科普利奖章的获得者，他在物理学中的主要贡献是发现了欧姆定律。

小时候，欧姆的家境尽管十分困难，但他从小受到良好的教育，他的父亲是个技术熟练的锁匠，却爱好数学和哲学。在父亲的影响和教导下，欧姆从小养成了动手的好习惯，他心灵手巧，做什么都像样。而物理是一门实验学科，这为以后的欧姆打下了良好的科学基础。

1827 年，欧姆发表《伽伐尼电路的数学论述》，从理论上论证了欧姆定律，欧姆满以为研究成果一定会受到学术界的承认，可是他想错了。书的出版招来不少讽刺和诋毁，大学教授们看不起他这个中学教师。这一切使欧姆十分伤心，他在给朋友的信中写道："伽伐尼电路的诞生已经给我带来了巨大的痛苦，我真抱怨它生不逢时。"直到七八年之后，人们才逐渐认识到欧姆定律的重要性，欧姆本人的声誉才大大提高。1841 年，英国皇家学会授予他科普利奖章。人们为了纪念他，将电阻的单位以他的姓氏命名为"欧姆"。

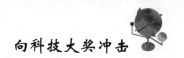

维生素与"微不足道"的大奖

霍普金斯奖章是由英国生物化学会于 1958 年设立的科学大奖，它每两年颁发一次，用来表彰生物化学领域中取得杰出成就的科学家。这项奖励对获奖人的国籍、居住地等不作特别限制，因此世界各国的生物学家和化学家都有获奖的资格，也因此使此奖成为一项国际性的生物化学奖。在颁奖仪式上，获奖者还需发表一篇有关生物化学领域最新进展的演讲报告。

霍普金斯奖章以英国生物化学家弗雷德里克·高兰·霍普金斯的姓名来命名，这是为了纪念他在生物化学领域所作出的杰出贡献，获奖者得到的奖品包括 100 英镑的奖金和一枚奖章。也许单从它那 100 英镑的奖金来看，它是微不足道的，但这项世界性的科学奖因为它的得奖者几乎都跟诺贝尔奖有关，而闻名于生物化学界。霍普金斯教授不但自己获得过诺贝尔奖，他还培养出了森特·焦尔季、克雷布斯、钱恩、桑格等诺贝尔奖获得者。不仅如此，在历届的英国霍普金斯奖章获得者名单中，我们也可以轻易找到许多诺贝尔奖的获得者，因此霍普金斯奖算得上是"诺贝尔奖集训大本营"。这让这项奖金微不足道的科学奖，成为科学家心头分量不轻的科学大奖。

发现了维生素

世界上有这样的一些物质，它们微小，却神通广大，虽然人体只需要很少的量，但是一旦缺乏，就会疾病缠身，甚至导致死亡。有了它们作为营养物质，人体就能保证正常的生理功能，人们就能吃饭、睡觉、运动甚至是眨眼睛。这些神秘的营养物质是一个大家族，并且有一个十分响亮的名字——

维生素。维生素并不是一开始就被人类认识和利用，人类发现和利用维生素，经历了很多的时间，而在这一历程中，弗雷德里克·高兰·霍普金斯的名字被人们永远记住了。正是他发现了维生素，并提出维生素学说，也由此才有了霍普金斯奖章。

霍普金斯1861年生于英国，青年时，他曾做过化学分析助理员、法医助手，后来，他进入盖依医院医科学校学习深造，获得合格医师资格。1898年，霍普金斯进入剑桥大学，担任生理学讲师，从此跟生物化学结下了不解之缘。

霍普金斯主要的研究领域是蛋白质营养研究。他一生中最重要的贡献就是1912年提出维生素学说，他发现酵母汁、肉汁中都含有动物生长和代谢所必需的微量有机物，于是把它们称为维生素，也就是维生素。由于这项发现，霍普全斯于1929年获得诺贝尔生理学或医学奖。1930年他被选为英国皇家学会会长。

霍普金斯发现维生素，跟许多科学家取得成就一样，也是建立在前人研究的基础上。

在一百多年前，瑞士巴塞尔大学有一个叫鲁宁的硕士生，做了一个有意思的营养实验。他把两组长得一模一样的实验老鼠，分别装在两只笼子早。

霍普金斯

他给它们喂相同的食物包括肉、大米、盐和水。不同的是：第一组喂的是带壳的谷子，第二组喂的是精细大米。鲁宁认为，第二组应该比第一组长得好，因为吃的是精细食物。但是实验结果却出乎意料，吃粗粮的老鼠健康活泼，可以繁殖后代；而吃精制食物的老鼠却无精打采，四肢无力，几周后陆续死去。鲁宁不相信实验的结果，把这个实验重复了很多次，但结果却一模一样。精米为什么反而导致老鼠死亡？粗粮里有什么神奇的物质使得老鼠保持健康？他产生了疑问。

在以后的日子里，他反复检查了实验的环节，并没有发现致病细菌，没有任何资料可以解释这个奇怪的结果，他陷入了困惑。

随后，各国科学家开始重复这个瑞士学生的实验，有人用猩猩和猴子代替老鼠，发现水果也是动物不可缺少的东西；有人发现米糠中存在一种人类和动物都不可缺少的成分。十年以后，荷兰科学家培凯哈林通过实验认为，食物的营养价值不仅仅是食物中的糖、脂肪、蛋白质、矿物质和水，还存在另外一种重要的成分。这个问题同样也吸引了英国剑桥大学的霍普金斯的注意，他开始研究并做起了相同的实验。他每天用不到三分之一汤匙的牛奶补充到老鼠的膳食中去，它们全部成活。如果加入奶粉和某些干菜的乙醇提取物，也会收到同样的效果。霍普金斯于是推测可能是这些食物中的有机物溶解到了乙醇中，他把这些东西称之为"附加食物要素"，也就是维他命。

目前，人类已经敲开了维生素的秘密大门，但是里面还有更多的不为人知的奥秘在等着人类去发现和应用！

终于圆了梦

在众多获得霍普金斯奖的科学家名单中，马克斯·菲尔迪南德·佩鲁茨是其中较为典型的一位，他在 1962 年先是获得了诺贝尔化学奖，接着在 1973 年又获得霍普金斯奖章。熟悉佩鲁茨的人都说，得到霍普金斯奖，佩鲁茨总算圆了他的一个梦想。佩鲁茨究竟有什么梦想呢？说起来，这其中还有一段有趣的故事呢！

才华横溢的佩鲁茨在获得维也纳大学的学位之后，原打算到英国剑桥大学，去读霍普金斯教授的研究生，因为他太崇拜霍普金斯了。没想到他在维也纳大学的导师霍金奇教授却并不同意，这位 1964 年诺贝尔化学奖的获得者非常欣赏自己的学生，执意要把佩鲁茨送到和自己研究课题相同的剑桥大学的研究室。当时佩鲁茨曾想以不懂 x 射线衍射结晶学为理由推辞这个决定，可是恩师的意见不可抗拒，他只好勉强从命了，并由此在这个领域做出了杰

出的成绩。不过，佩鲁茨后来获得了以霍普金斯教授名字命名的科学奖，也算是圆了他的一个梦想。

1937 年，佩鲁茨在剑桥大学开始了确定血红蛋白构造的研究。那时，对 X 射线衍射图形作结晶分析用的是手摇计算机，即使是最小的分子的 X 射线衍射图形，结晶分析也要花费几个月的时间，何况血红蛋白分子的大小是当时已知分子的 100 倍以上。这种天天用手摇计算机的辛苦，对一个研究 X 射线结晶学的学者来说，实在是苦不堪言。因此，当时谁都认为佩鲁茨的研究不可能有任何结果。何况，他是以一位 X 射线结晶学的门外汉身份确立这个研究课题的。

为了减轻研究大分子结构的体力强度，使研究血红蛋白构造成为可能，佩鲁茨和同事肯德鲁共同开发了一种新技术，从而较容易地计算出分子中的原子的位置。用这种技术，佩鲁茨获得了肌红蛋白的立体结构图。1958 年，佩鲁茨在经历了 24 年的艰苦研究之后，终于测定了血红蛋白的分子立体结构。从此，佩鲁茨作为测定蛋白质立体结构这个新领域的开拓者，在科学界成为一位鼎鼎有名的科学家。

水果中富含维生素

"熊猫之父" 与野生动物保护奖

1916 年，原产我国新疆罗布泊和塔里木河下游的新疆虎灭绝；20 世纪 60 年代，蒙古野马在地球上消失；1972 年，台湾云豹灭绝……信不信由你，由于环境的恶化，人类的乱捕滥猎，各种野生动物的生存正面临着各种各样的威胁。现在，每天都有十多种生物从地球上消失。为了保护野生动物，现在世界各国都在努力，在科学的颁奖台上，也有一项这样为保护野生动物设立的国际性大奖，它就是保罗·盖蒂野生动物保护奖。

保罗·盖蒂野生动物保护奖设立于 1974 年，是世界野生生物基金会美国分会颁发的一项奖励，因为是用已故美国人保罗·盖蒂的捐款设立的，故称此名。保罗·盖蒂野生动物保护奖每年颁发一次，用以奖励直接或间接地对国际产生巨大影响的野生动物保护方面的杰出成就。这实际上是对获奖者工

蒙古野马

作的一种承认，从而可以加深公众对保护野生动物重要性的认识。这一奖励可授予个人，也可授予研究与保护机构。评定与颁发工作由基金会负责，奖金数额为 5 万美元，是目前野生动物研究与保护领域中奖金数额最大的一项奖励，也因为它的影响力，人称"诺贝尔保护奖"。

"熊猫之父" 历险

获得此项大奖的获奖者，大多有着不同寻常的历险经历，他们为了保护野生动物，研究野生动物，长期生活在野外，历尽了千辛万苦。1987 年，尼泊尔马亨德拉国王自然保护信托基金会自然保护区首席执行官米希拉博士获得此奖，他曾深入野外考察现场，在尼泊尔自然保护区进行了长期考察，并进行了政策方面的深入调查与研究，在亚洲最大的自然保护科研项目"老虎行动计划"中取得了卓越的成就，付出了常人难以想象的心血。

我国的动物保护专家、北京大学教授潘文石也曾获得这项大奖，他是我国第一位获得此项大奖的专家。潘教授是 20 世纪 80—90 年代中国野生大熊猫研究和保护先驱者之一，长期从事大熊猫、白头叶猴等野生动物的科学研究和实地研究工作，为保护生物多样性作出了杰出贡献，享有很高的国际声誉，除了保罗·盖蒂野生动物保护奖，他还先后获得过国际和国内近 10 项大奖。他谜一样的历险经历、杰出的科学成就，让他保护野生动物的故事充满了神奇的色彩！

潘文石将一生倾注在野生动物研究上，他生命里近 50 年的岁月，都是在人迹罕至的深山老林里度过的。从 1985 年开始的十几年间，他花了 90% 的时间驻扎在秦岭大熊猫分布最密集的地区，在海拔 3000 多米的山上通过无线电监测大熊猫，成为世界上第一个在纯自然条件下目睹野生大熊猫分娩过程的科学家。美国《读者文摘》杂志称他为"熊猫之父"。他是第一个给中央写报告不赞成将野生大熊猫圈进"饲养场"的人，也是中国第一个反对克隆大熊猫的人。这些建议背后的大量科学依据，来自他多年来第一线的科学研究。

从 1984 年到 1998 年，先后有 15 位研究生跟随潘文石参加秦岭研究工作。"最困难的是长期缺乏油水，前 8 年几乎吃不饱。"潘文石回忆说。冬天是观察大熊猫最好的季节，潘文石和学生们经常连续三五个昼夜坚守在零下十几度的帐篷里，不间断地通过无线电监测大熊猫，记录有关大熊猫交配、受精、产仔、哺乳的最直接和可靠的参数。怕惊扰大熊猫，他们不敢生火，食物冻成了冰疙瘩，屋里洗脸的水结成了冰块。每夜为了写研究日志，只好一只手拿着蜡烛照明，一只手记录。为保住脸上油脂，防止冻伤，他们两周才洗一次脸。

为了更好地研究野生动物，潘文石养成了跟野生动物一样的作息时间——白天睡觉晚上工作，躺下就能睡，睁眼就开始工作，一天 6 小时的睡眠可以分成好多次来完成。每年最冷的冬季，连林业工人都下山过冬去了，潘文石和研究生们还要坚持留在山上追踪大熊猫。在新春佳节里，为了节省时间和木炭，潘文石和研究生们把许多土豆和大米熬成一大锅，连着吃几天，转移到新的工作点再熬上一大锅，潘文石戏称为"野外美食"。但这些都不是最苦的，最苦最危险的莫过于那些随时都有可能袭来的危险。有一次，为了能拍到熊猫，潘教授从 5 米高的岩石上摔下，竹子从指间穿过，手上的血跟相机粘在一起，用碘酒清洗后足足肿了七八个月。还有一次，他头朝下摔下 70 度陡坡，滚了几十米被树干拦腰挡住，才没有坠入山谷。

教授买牛粪

1996 年，当大熊猫的研究告一段落时，潘文石的野外研究基地又从秦岭转移到广西崇左，开始研究珍稀动物白头叶猴和中华白海豚。曾经的"熊猫专家"，成为"白头叶猴教授"。

有一次，潘教授来到广西崇左县，他在村口竖起一块"收购牛粪"的告示牌。堂堂的大学教授，要那臭烘烘的牛粪干什么？这举动让当地的村民们大吃一惊，人们百思不得其解。

不值钱的牛粪很快被送来了两大车。在大家疑惑的目光里，潘教授开始实施他的"计划"——他让人把这些牛粪和从山上割来的荒草混存一起，投入事先挖好的沼气池，三天后，池中竟冒出了可以用来烧水做饭的沼气！嘿，动物保护专家竟成为"能源专家"。潘教授为何要"不务正业"，帮农民造起沼气来呢？原来，潘教授觉得，在广西西部面积约10万平方千米的喀斯特石山区，居住着10多个民族，共约2500万人口，独特的生物多样性和民族文化多样性，使这里成为当今世界上最具特色和最美的地区之一。然而，在长达7年的野外考察中，他发现过度砍伐导致的石山石漠化，并正以每年2500平方千米的速度扩展！而推广沼气池是一个有效的、经济的和可行的保护环境的好办法。沼气既能烧火煮饭，又能点灯照明，可以极大地减少砍柴的数量，节省开支。当植被得到了保护，便可减少水土流失，阻止石山石漠化发展，地方性气候也得到了改善，生物多样性便逐步得以恢复。他那次现身说法"收牛粪"，对附近村民进行了一次活生生的科普和环保教育。在当地政府的支持下，沼气池建设在当地很快得以推广。他甚至把自己获得的国际国内的奖金和捐助，用来帮助当地建沼气池、修学校、建医院。

忙得没时间领奖

地球几乎每小时有一个物种灭绝，近代物种的灭绝速度比自然灭绝速度快1000倍，比形成速度快100万倍——这一惊人的生物灭绝数据，来自国家濒危物种进出口管理办公室。

1996年的一天，潘文石接到荷兰王室的一封来信，信函上通知他已经获得将由荷兰王子颁发的保护野生生物金奖——诺亚方舟奖，这是一个在当今世界上极少人获得的科学荣誉。来函还邀请他偕夫人到荷兰旅游并到王宫领奖。

对一般人来说，这是一个极好的机会，潘教授也理应高兴，如期赴约才对。但潘文石偏偏不去。是什么神奇的东西吸引了潘教授不去呢？原来，还是他的研究。在他的心里，装着生物灭绝数据，那是一天也耽搁不得。此时的他正住在广西扶绥渺无人烟的一个山洞里，每天用方便面就着山泉水，过着艰苦的山林生活，正在坚持对白头叶猴的科考活动。不去得给对方回封信，潘教授于是这样给荷兰王室回信："我非常感谢王子授予我奖章，但是我正在开展一项新的科学研究，无法离开，能不能给我寄来？"王室回信说，我们很理解一个科学家的时间的宝贵和重要，这个奖章一定是你的，但是不能随便寄出。我们会派一个大使到北京给你颁奖。1997 年 4 月，潘文石回到北京，荷兰大使果然到北京颁奖。大使动情地说："教授的故事就像诺亚方舟的传说那样，都在为人类献身，都同样了不起！"

这就是潘文石，一个为科学研究忙得无暇领奖的科学家。

我们要的是纯金

潘教授献身科学的理想萌发于小时候，小学三年级的时候，潘文石看到了杰克·伦敦的作品——《野性的呼唤》，从那以后，他就对野外生活产生了极大的兴趣，他认定人迹罕至的荒山可以给他带来欢乐。这理想一直伴随他大学毕业。

1980 年，一个偶然的机会，原来在实验室研究病毒的潘文石到四川卧龙，参加一个关于熊猫的国际合作项目。在那里他很快发现，自己对熊猫的理解和看法跟很多人的观点不一样。当时流行的观点是"竹子开花对野生熊猫的生存构成威胁"，但他认为这种结论没有科学根据。为了提出保护大熊猫更好的依据，1985 年 3 月，潘文石带着 3 名学生，背着沉重的登山包进入了秦岭大熊猫分布最密集的地区，从此一发不可收拾，在此后的 13 年里，他们跟随大熊猫，不知道跨越了多少溪流和山梁，250 平方千米的研究地区，留下他们数不尽的足迹。

但是，野外研究的生活是艰苦的，没有超人的勇气与信念是很难坚持下来的。潘文石也曾差点放弃过自己的理想，有一次，他躺在病床上痛苦地给

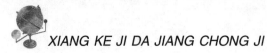
爸爸写信说："我在不断地流血和挨饿中度过。我干嘛还要这样撑呢？我为什么要过这种日子呢？好多同学都到美国去了，或是到欧洲去了，我是不是也应该改变我的生活方式？"

爸爸回信说："你的同学到海外是镀金，你要镀金干什么？我们要求的是纯金。你面临困难，但这是你从小就梦想和你所选择的生活道路，经历过磨难你会变成真金！"

父亲的来信，极大鼓舞了潘文石，从此，他更加坚信自己的理想，并且一直到现在，还没有停歇。

英国达尔文奖

提起达尔文，尽人皆知！在英国，有一项以达尔文名字命名的科学奖，它就是达尔文奖。这是一项由英国皇家学会颁发的生物学奖，于1890年设立，每两年颁发一次，用以奖励生物学领域及达尔文本人研究过的其他一些领域内的杰出成就。达尔文奖的奖金数额并不高，达尔文奖的奖品包括一枚银质奖章和200英镑的奖金，但它是以达尔文这样一位伟大科学家的名字来命名的，又因为获奖者的国籍不限，可以是英国人，也可以是其他国家的科学工作者，且是由历史悠久享有盛名的英国皇家学会颁奖，因此在世界学术界影响很大，算得上是一项国际上很有名的生物学奖。

达尔文的进化论曾为人类打开一扇科学大门，他的环球考察经历跟他的理论一样，充满了神奇色彩！

漫长的环球考察活动

达尔文生于1809年，是英国的自然科学家，生物进化论的创始人。他从小喜欢采集动植物标本，喜欢向大人问这问那，特别热衷于打猎和骑马旅行。有时候，他又会静静地待着一动也不动，想自己的问题。他的祖父和父亲都是当地有名的医生。16岁时，为了让他将来继承祖业，父亲送他到爱丁堡大学学医。但他对医学并不感兴趣，常到海边向人学习采集生物标本，对动物进行解剖、分类和作观察记录，这为他日后的研究打下了基础。

1828年的一天，在伦敦郊外的一片树林里，达尔文突然发现在将要脱落的树皮下，有虫子在里边蠕动，便急忙剥开树皮，发现了两只奇特的甲虫，正急速地向前爬去。达尔文兴奋极了，马上左右开弓抓在手里，观看起来。正在这时，树皮里又跳出一只甲虫，腾不出手来了，怎么办？达尔文有的是办法，他迅速把手里的甲虫含到嘴里，伸手又把第三只甲虫抓到。看着手中这些宝贝，达尔文早把嘴里的那只给忘记了。嘴里的那只甲虫憋得受不了啦，便放出一股辛辣的毒汁，这下子可把他的舌头蜇得又麻又痛。他这才想起口中的甲虫，张口把它吐到手里。然后，不顾口中的疼痛，得意洋洋地回剑桥大学去。后来，人们为了纪念达尔文首先发现了这种甲虫，就把它命名为"达尔文"。

1831 年，达尔文从剑桥大学毕业后，放弃了待遇丰厚的牧师职业，依然热衷于自己的自然科学研究。这年 12 月，英国政府组织了"贝格尔号"军舰的环球考察，达尔文经人推荐，以"博物学家"的身份，自费搭船，开始了漫长而又艰苦的环球考察活动。

达尔文每到一地总要进行认真的考察研究，采访当地的居民，有时请他们当向导，跋山涉水，采集矿物和动植物标本，挖掘生物化石，发现了许多没有记载的新物种。他白天收集化石标本，晚上又忙着记录收集经过。1832

达尔文

年 1 月，"贝格尔号"停泊在大西洋中的圣地亚哥岛，水兵们都去考察海水的流向去了，而达尔文和他的助手则背起背包，拿着地质锤，爬到山上去收集岩石标本。

在当时，人们信奉神创论和物种不变论，认为世界上万事万物都是由神创造的，所有的物种都不会改变，但达尔文在考察过程中，却越来越疑惑：自然界的奇花异树，人类万物究竟是怎么产生的？它们为什么会千变万化 7 彼此之间有什么联系？这些问题激发他极大的探究兴趣。

1832 年 2 月底，"贝格尔号"到达巴西，达尔文上岸考察，向船长提出要攀登南美洲的安第斯山。当他们爬到海拔 4000 多米的高山上时，达尔文意外地在山顶上发现了贝壳化石。达尔文非常吃惊，他心想："海底的贝壳怎么会跑到高山上了呢？"经过反复思索，他终于明白了这是因为地壳升降，大海变成高山的缘故。达尔文脑海中一阵翻腾，对自己的猜想有了更进一步的认识："物种不是一成不变的，而是随着客观条件的不同而相应变异！"

后来，达尔文又随船横渡太平洋，经过澳大利亚，越过印度洋，绕过好望角，于 1836 年 10 月回到英国。在历时五年的环球考察中，达尔文积累了大量的资料。回国之后，他一面整理这些资料，一面又深入实践，同时，查阅大量书籍。1859 年 11 月，达尔文终于经过二十多年的研究，写成了科学巨著《物种起源》。在这部巨著里，达尔文创造性地提出了"进化论"的思想，指出物种是在不断的变化之中，并经历着由低级到高级、由简单到复杂的演变过程。

这部著作的问世，第一次把生物学建立在完全科学的基础上，以全新的生物进化思想，推翻了神创论和物种不变的理论。《物种起源》是达尔文进化论的代表作，标志着进化论的正式确立。

1882 年 4 月 19 日，这位伟大的科学家因病逝世，人们把他的遗体安葬在牛顿的墓旁，以表达对这位科学家的敬仰，并在 8 年后设立了达尔文奖。

跟黑猩猩一起生活

英国达尔文奖自设立以来，有多位专家学者获得此荣誉。在众多的获奖者中，1996 年获得此奖的珍妮·古德尔是最富神奇经历的一位。这位世界闻名的动物行为学家，用自己的一生去做了一件常人都不敢想的事情：从 1960 年她高中毕业后，听从了一位英国教授的安排，独自一人到非洲去观察黑猩猩，在坦桑尼亚的丛林与黑猩猩为伴，一待就是四十多年。

在这四十多年中，珍妮·古德尔费尽心思接近黑猩猩，打入它们的社会。四十多年过去后，她发现黑猩猩们能使用和制造工具，能够协作捕猎，还能进行部族间的战争，甚至还能笑，最重要的是它们有同情的感觉。

珍妮为什么要这么做呢？她说："在十几岁的时候，我看了一本介绍非洲的书，就深深地迷恋上了这个神秘又充满野性的地方，我决定长大以后要到非洲去生活。所有的人都笑话我，但是我的妈妈却鼓励我说，'如果你有自己的梦想，就应该从现在开始努力去实现它！'1960年夏天，我终于有机会到坦桑尼亚的冈比国家公园工作，那时，我还只是一个高中毕业生，与科学界和动物学家根本挨不上边。选择黑猩猩进行观察和研究，只是因为我觉得它们聪明可爱。当我现在面对一些和我当初一样有梦想的年轻人时，才发现小时候妈妈给我的信心和勇气有多么宝贵！"

如今，与珍妮朝夕相伴的黑猩猩中最庞大的家族已是三代同堂，珍妮也是满头白发，她为科学献身的精神感动了世人，她在成为著名的动物行为学家同时，也成为世界上许多大学的荣誉博士。一系列荣誉纷至沓来，除了1996年获得达尔文奖，英国女王伊丽莎白二世授予她"英国司令执行官"称号，并且她还是惟一一个获得坦桑尼亚奖牌的非坦桑尼亚人。其他的荣誉还包括"雅克终身成就奖"、"不列颠百科全书奖"以及动物安宁委员会所颁发的艾伯特奖。

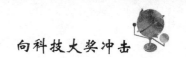

量子力学与玻尔国际金质奖章

尼尔斯·玻尔为保诺贝尔奖章，想出溶化又复得的办法，他这种临场应变的智慧跟他的爱国精神一样，赢得世人的尊敬与称赞。在1955年玻尔教授70寿辰之际，丹麦工程学会特地设立了以玻尔名字命名的科学奖——玻尔国际金质奖章，这个国际科学奖主要授予那些在和平利用原子能方面取得杰出成就的工程师或物理学家。

玻尔国际金质奖章每三年颁发一次，对所有国家学者开放。获奖者多为世界著名学者，如赫维西、卡皮察、拉比、海森堡、费因曼等，都是诺贝尔奖金获得者，所以这个奖项在科学界有较好的口碑。在众多玻尔国际金质奖章获奖者名单中，海森堡便是其中的佼佼者，他的名字与玻尔一样，成为继爱因斯坦之后20世纪最伟大的科学家之一。他和玻尔之间，也有着许多动人的故事。

他让"教父"大吃一惊

提起玻尔的名字，总跟量子力学联系在一起。这是因为玻尔除了自身是20世纪最有影响力的物理学家之一外，他还培养了海森堡等一批年轻科学家，创建了20世纪最伟大的物理学理论——量子物理学，人称量子物理的"教父"。

1922年，德国科学家为了庆祝玻尔获得诺贝尔奖，特地举行"玻尔节"，邀请玻尔演讲。在听众中有一位21岁的大二学生，他就是海森堡。海森堡这次可是有备而来，他仔细研究了玻尔提出的理论，找出了许多理论中不完善

海森堡

的地方，他准备了很多尖锐的问题，在提问的环节，他给玻尔递上了一张纸条，并谦虚地说："这是我对先生研究的学说的一点心得。"对于这样一位无名小辈的举动，玻尔当时并未在意，他随便将纸条翻了翻，这一翻可让这位大学者大吃一惊，海森堡向他提供的正是他没有深入研究和疏忽了的原理，这下子，著名的科学家玻尔没话可说了。玻尔当然没有回答出海森堡的问题，虚心的玻尔于是在会后邀请海森堡去散步。玻尔因此对海森堡留下了深刻的印象。

1964年，海森堡在丹麦的哥本哈根领取玻尔国际金质奖章时，提起了这次演讲，他说这次演讲后的散步，是决定他一生命运的散步。因为，正是这一次散步，让海森堡对玻尔的理论产生更大的兴趣，同时，玻尔这种不耻下问的研究作风，也深深吸引了海森堡。于是，海森堡大学毕业后，就到玻尔研究所去工作。从1924年到1927年，海森堡在哥本哈根与玻尔一起工作，他在玻尔那里接触到了量子力学的最前沿理论，终于提出了量子力学中著名的不确定关系，敲开了量子力学的大门。这帮助他夺得了1932年的诺贝尔物理奖，这一年，海森堡才31岁。

正因为有这样的一段渊源，所以当玻尔跟爱因斯坦为学术上的事情争得不可开交时，海森堡毫不迟疑地加入到支持玻尔的行列。要知道，海森堡在青年时代是非常崇拜爱因斯坦的，曾奉为自己的学术思想导师。玻尔等人提出量子力学的统计解释以后，爱因斯坦竭力反对，海森堡便不顾爱因斯坦的反对，毅然加入了以玻尔为首的"哥本哈根学派"，竭力宣扬统计解释，他提出的"测不准原理"进一步揭示了量子力学的统计性质，终于成为物理学界所公认的量子力学代表。

休假中的重大发现

说起海森堡创立量子力学，还是一次休假的结果呢。

出生于德国维尔茨堡的海森堡，从小在慕尼黑长大，早在中学时代，海森堡就已展现出过人的天赋，老师曾写下评语说：海森堡能看到事物的本质，而不仅仅拘泥于表象和细节。

海森堡在大学毕业后，来到玻尔的研究所，开始酝酿起他的新理论。当时，这位 23 岁的年轻大学教师不幸患了病，医生建议他去度假胜地休息两周，可到了目的地后，他根本就不想睡觉，每天用 1/3 的时间来计算量子力学、1/3 的时间攀岩，余下的时间背诵诗集。他就是利用这段时间想通了问题，提出了量子力学理论。这一新的物理学说，在基本概念上与经典牛顿学说有根本的区别。

根据海森堡提出的新理论，科学家们得出了一系列成果，其中有著名的"测不准原理"。这条原理由海森堡本人在 1927 年亲自提出，被人们认为是科学中所有道理最深奥、意义最深远的原理之一。现在，量子学说已广泛应用于现实生活，诸如电子显微镜、激光器和半导体等现代仪器，都是它的基本运用。它在核物理学和原子能领域里也有着许许多多的应用；它构成了我们的光谱学知识的基础，广泛地用于天文学和化学领域；它还用于对各种不同论题的理论研究，诸如液态氦的特性、星体的内部构造、铁磁性和放射性，等等。

当然，对量子力学的贡献，并不是海森堡一个人的专利，在海森堡之前，马克斯·普朗克、阿伯特·爱因斯坦、尼尔斯·玻尔和法国科学家路易·德·布罗格利等，都曾做出过相关的研究。此外，在海森堡提出了量子力学理论后，许多科学家其中包括奥地利人欧文·施罗丁格和英国人迪拉克等人还在继续完善量子学说。

海森堡如此伟大，以至于以海森堡为主角的《哥本哈根》戏剧在纽约上

演后，佳评如潮，连连得奖。

　　海森堡不仅对量子力学感兴趣，对艺术和音乐也十分在行。他的研究风格与达·芬奇作画时尽量利用素描、色彩和光线的明暗等手段相似，力求达到客观与主观的协调一致。在海森堡的眼里，连深奥的物理研究也像是在作曲，古典物理犹如巴赫的交响曲。海森堡把物理当成了作曲，不同的是，作曲家使用的是音符，海森堡则使用数学符号。

轰动世界的伦琴射线

世界上有一种神奇的射线，在没有它之前，医生治疗总是靠问一问、听一听、看一看、摸一摸等办法来诊查病人的病情，而现代医学自从有了它之后，医生就好比有了一双神奇的千里眼，能透过皮肤看到身体内骨骼或内脏的结构，从而找出病因。这种神奇的射线就是"X射线"。这一切都跟一个叫伦琴的人有关，而用他名字命名的伦琴奖，也成为X射线研究领域的最高科学奖。

伦琴奖章设立于1951年，它是由伦琴的出生地——德国雷姆沙伊德市颁发的，每年颁奖一次，以奖励在X射线领域中取得重要研究成果的研究者。该奖章以发现X射线的德国物理学家威廉·康拉德·伦琴的姓名命名，算得上实至名归，同时设立这项科学奖，也是为了纪念伦琴对现代物理学所作出的巨大贡献。

X射线的发现者威廉·康拉德·伦琴出生于1845年。小时候，伦琴性格很倔强，从不轻易改变自己的主张。他的父母本来希望他日后能当一名水利工程师，可伦琴却迷上了物理学，并决心为之奋斗终生。在读书期间，他就以优异的成绩而深受好评。他那坚定不移的信念、勤奋的好学精神感动了父母，父母终于同意伦琴从事物理学研究的决定。

从1888年起，伦琴从国外学成回国后，担任了巴伐利亚州维尔茨堡大学物理研究所所长。正是在这个研究所工作期间，他便开始研究阴极射线，无论遇到多大的挫折，他始终都没有放弃，直至他取得巨大成功。

奇怪的绿光

1894 年，一位德国物理学家改进了克鲁克斯管，他把阴极射线碰到管壁放出荧光的地方，用一块薄薄的铝片替换了原来的玻璃，结果，奇迹发生了，从阴极射线管中发射出来的射线，穿透薄铝片，射到外边来了。

这位物理学家就是勒那德。勒那德还在阴极射线管的玻璃壁上打开一个薄铝窗口，出乎意料地把阴极射线引出了管外。他接着又用一种荧光物质涂在玻璃板上，从而创造出了能够探测阴极射线的荧光板。当阴极射线碰到荧光板时，荧光板就会在茫茫黑夜中发出令人头晕目眩的光亮。伦琴不止一次地重复了勒那德的实验。

1895 年 11 月 8 日傍晚，伦琴又开始做起实验来。伦琴用黑纸将阴极射线管遮住，然后把窗帘放下，打开高压电源，以便检查有没有光线从管中漏出。突然，他发现有一道绿光从附近的一个板凳射出，掠过他的眼前。他把高压电源关掉，光线也随着消失。奇怪！板凳怎么会发射出光来呢？这个小小的细节立即吸引了伦琴，伦琴马上点亮灯，照了照板凳，发现那里摆着的原来是自己做其他试验时用的一块硬纸板，硬纸板上涂了一层荧光材料。

伦琴

伦琴感到十分惊讶。从阴极射线管中散出的阴极射线有效射程仅有 2.54 厘米，显然是不会跑出这么远的。那么是什么使荧光材料闪出光亮的呢？敏感的伦琴很快意识到有某种崭新的未知光线发生了。这种未知光线从阴极射线管发出，穿过了黑纸包层，射到了硬纸板上，激发了涂料的晶体发出荧光。伦琴激动得难以控制自己，一连几天几夜关在实验室里继续实验。他先后在阴极射

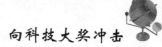

线管与硬纸板之间放了木头、乌木、硬橡胶以及许多种金属，结果发现这种未知的光线仍然能够穿透这些物体。只有铝和铂挡住了这种光线。

举世轰动的手骨照片

伦琴的妻子对于伦琴总是迟迟不回家有点生气了，她找到实验室，正想责备伦琴，处于高度兴奋状态的伦琴却一把抓住了妻子的手，把一张用黑纸包好的照相底片放在她的手掌下，然后用阴极射线管一照，拍下了历史上最著名的一张照片。冲洗出来的底片清楚地呈现出伦琴夫人的手骨结构，手上那枚金戒指的轮廓也清晰地印在上面。伦琴一下子抱住了妻子，在实验室里足足转了五圈，他太激动了，是的，他发现了一种新的射线。次日，伦琴便开始思考这一新发现的事实，他想，这很显然不是阴极射线，阴极射线无法穿透玻璃，这种射线却具有巨大的能量，它能穿透玻璃、遮光的黑纸和人的手掌。

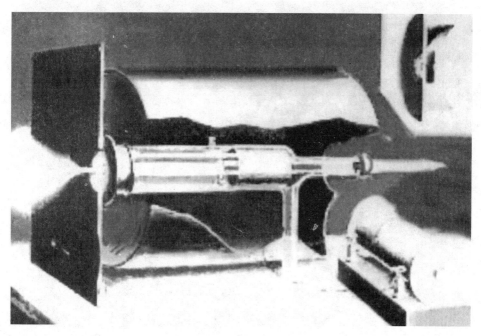

克鲁克斯管

为了验证它还能穿透些什么样的物质，伦琴几乎把手边能够拿到的东西，如木片、橡胶皮、金属片等，都拿来做了实验。他把这些东西一一放在射线管与荧光板之间，这种神奇的具有相当硬度的射线把它们全穿透了。伦琴又拿了一块铅板来，这种光线才停止了它前进的脚步。然而，限于当时的条件，伦琴对这种射线所产生的原因及性质却知之甚少。但他在潜意识中意识到，这种射线对于人类来说，虽然是个未知的领域，但是有可能具有非常大的利用价值。为了鼓舞和鞭策更多的人去继续关注它，研究它，了解它并利用它，也因为一时无法说明这种未知的射线，就用代数上常用来求未知数的"X"来表示，把自己所发现的这种具有无穷魅力的射线叫做"X射线"。

　　于是，发生了如下有轰动性的一幕——

　　1896年1月2日夜，维也纳的《新自由报》即将付印的时候，收到了一份急件。编辑拆开一看，里面竟是一张奇特的照片——一只手的骨骼照片。在手骨的无名指上，戴着一枚订婚戒指。谁都知道，一般的照片只能拍出手

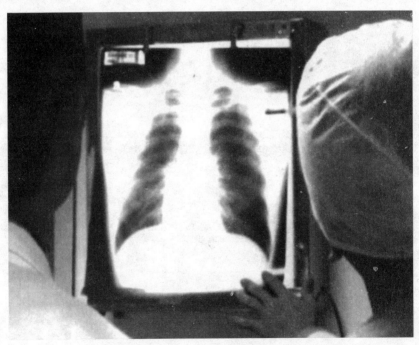

医生通过X光诊断病情

的外形。这张照片怎能拍出手的骨骼呢？编辑看了介绍之后，加上"维尔茨堡物理学教授威廉·康拉德·伦琴的新发现"这样的醒目标题，发表了。

第二天，全城轰动了！几天之内，欧洲轰动了！全世界轰动了！报上所登的照片，正是伦琴夫人那张手的照片。一张手的骨骼照片，引起了世界性的轰动。

按照科学史上的惯例，科学上的新发现常常是用发现者的名字命名的。谦逊的伦琴却不愿以自己的名字命名这种射线。他认为自己还不明白这种射线的本质，坚持用数学上的未知数——"X"来命名它。尽管如此，后来的人们还是把它命名为"伦琴射线"。

世界气象组织奖

    2006年7月6日世界气象组织宣布：第51届"国际气象组织奖"颁发给瑞典教授本特松，以表彰他40余年为促进气象科学和国际合作所作出的贡献。此次颁奖，又将世人关注的目光聚焦在这项号称"气象诺贝尔奖"的科学大奖上。

    国际气象组织奖得名于世界气象组织的前身国际气象组织，该组织成立于1873年，此奖算得上是世界气象组织的最高奖项，也是国际气象界的最高荣誉，专门授予那些在气象科研、业务、服务和国际气象合作中作出过突出贡献的专家和知名人士。我国气象学家叶笃正院士在2003年也荣获过此项国际气象大奖，他是第一个获得"气象诺贝尔奖"的中国人。他被世界气象组织评价为"全球变化研究的开创者"，世界气象组织说，叶笃正教授长期以来，对地球命运非常关注并作出了杰出的贡献。

乐于把奖金捐出来

    1916年出生的叶笃正是中国大气物理研究奠基人、中国近代动力气象学创始人之一，是国际大气科学界屈指可数的几位学术巨匠之一，他为全球变化、大气环流和气候变化研究作出了开创性重大创新贡献，在全球变化领域提出了新的系统理论。在超过半个世纪的科学研究中，叶笃正在大气动力学、大气环流、气候学以及全球环境变化等领域成就卓著，取得了众多开创性的研究成果。他最先提出的大气长波频散理论至今仍用于天气预报，而"夏季高原为热源"和"大气环流有季节性变化"的理论均已成为大气科学方面的

地球变暖引发天气异常

经典。他率先提出并阐释了大气运动中适应理论的若干问题。他也是国际全球变化研究的创始人之一，是我国全球变化研究领域的奠基人，在国际上发起了全球变化研究。他先后从事动力气象、高原气象、海气关系、大气与地表面过程、全球变化等专业方向的研究工作。

当获奖的消息传来时，叶院士谦虚地说："成绩是大家的，科技工作如同一出需要众多演员协调表演的戏剧，没有别人的帮助，我不可能完成研究。"在他的眼中，无论是那面印有世界气象组织徽章、14 克拉重的金牌奖章，还是 10000 瑞士法郎的奖金都不属于他个人，而属于中国大气物理科学家群体。

2003 年获得世界气象组织奖并不是叶院士第一次获奖，拿到多项国外科技奖项和中国几乎所有科技大奖的叶笃正已经记不得自己确切的获奖次数，却始终对把奖金捐出来乐此不疲。1995 年，叶笃正把自己获得的"何梁何利基金科学技术成就奖"的 100 万元奖金捐给了中国科学院大气物理所，用于奖励在大气研究领域有杰出贡献的青年学者。连把世界气象组织颁发的10000瑞士法郎也捐了出来。

关注全球变暖问题

叶笃正平时有个习惯，他有事没事总爱随身带个小本子。他说，只有这样，才能使自己永远处于思考的状态之中。有时，他会半夜爬起来，记下自己想到的问题，偶然闪现的灵感火花，往往是一些重大研究项目的线索。

现在，全球变暖成为一个引人关注的话题，叶院士也很关注这个问题。为什么会全球变暖呢？叶院士认为至少有两个原因：第一，因为人类的活动，地球上总有二氧化碳排放出来，还有别的温室效应也在影响，从而使地球成为一个超级"塑料大棚"，这样当然温度会增高；第二，人类在地球表面的活动，如乱垦乱伐也是造成全球变暖的原因之一。要知道，全球变暖问题可不是小问题，它慢慢累积起来，会威胁人类的生存。打个比方说吧，地球变暖会让水的质量发生变化，水变酸之后，树长势就差，江河里的鱼会大批死亡。酸水也会影响土地的种植及庄稼收成。全球变暖之后，夏天热浪就会增多，各式蚊虫子也会增多……这一切问题，无时不在揪叶院士的心。

为此，年届九旬的叶笃正仍然没有停止自己钟爱的研究工作，他每天工作至少8个小时，可还是觉得时间不够用。近年来，叶笃正一直从事旨在充分利用全球变暖的正面效应、降低其负面效应的研究，并在2003年首次提出了"有序人类活动"的概念。为全球变化研究付出大量心血的叶笃正呼吁人们行动起来，共同应对人类未来的命运。

我绝不后悔

受家庭影响，叶笃正在14岁以前，没有进过学校，一直接受的是私塾教育，后来他才进入南开中学读书，在这里，他培养了自己对理科的兴趣，并大大开阔了自己的眼界。叶笃正回忆说："我们当时有个选修课，就是社会调查，别的学校都没有的，这大大开阔了我们学生视野。"

1937 年，已是清华大学学生的叶笃正在乒乓球台边结识了钱三强，在这位日后影响中国的核物理学家的劝说下，叶笃正放弃了自己喜爱的物理，选择了对国家更为实用的气象学。1945 年，叶笃正来到美国，师从于世界著名气象和海洋学家罗斯贝。罗斯贝对这位中国学生十分器重，让他主持夏威夷气候的研究。1948 年，叶笃正在美国芝加哥大学获得博士学位，并得到了一份年薪4300 美金的工作。当时，美国的大学教授年薪不过 5000 美金左右。然而，优厚的待遇并没有将叶笃正留在美国。1950 年，叶笃正经香港回到祖国大陆。在踏上祖国土地的一刻，叶笃正泪流满面，他激动地说："我终于到家了！"

叶笃正的回国，使新中国的气象事业增加了除竺可桢之外又一位杰出的气象学家，一回国，叶笃正立刻投身到我国大气科学研究机构的筹建工作。

全球变暖导致非洲最高山峰冰雪融化

当时条件很艰苦，没有图纸，就自己动手画。经过几十年的艰苦创业，使当初这个只研究古典气候的十几个人的科研小组，发展成现在国际知名的大气科学研究所，研究范围几乎包含所有大气科学分支。

1978 年，叶笃正担任中国大气物理研究所所长，第二年，他带领中国气象团访问美国，遇到了他的一些留在美国的同窗好友。一位当初曾极力劝阻他不要回国的同学，在 29 年后的这次见面会上，他问叶笃正的第一句话就是，你后悔吗？

叶笃正说："我一点儿不后悔，也绝不后悔，我为什么不后悔？第一，我是中国人，我给中国做事，我给中国老百姓做事，给中国人做事，这是第一个我应该回来。第二，如果我留在美国，美国不会给我这么一个舞台，我不仅仅只研究，我还可以来提意见，搞规划等等。所以这个舞台，美国是不会给我的。"

叶笃正业余时间也丰富多彩，他从小就喜欢运动，打乒乓球、溜冰和探险，到了晚年，散步成了他每天锻炼身体的项目。有意思的是，叶笃正还特别喜欢看武侠小说，在他看来，武侠小说跟他的研究工作很有关系，既可以让大脑轻松一下，同时武侠里的那些主人公总会绝路逢生，这跟科学家的研究工作有异曲同工之妙，科学工作者在做研究工作时，总是想了老半天都不行，但随后会绝路逢生，找到解决的办法。

他们开辟了飞行时代

现在，我们每天抬头仰望天空，几乎总能看到飞机轰隆隆地从头顶上掠过，每天，大量的飞机满载着物资、乘客，在空中走廊穿梭往来。而早在100多年前，坐上飞机到世界其他地方去，还只是人们的一个梦想。促成这一巨大变化的，功劳当然首先归功于莱特兄弟，正是他们，开辟了一个飞行新时代。至今，在航空科学领域，人们提起飞机，总会谈到莱特兄弟和以他们名字命名的莱特兄弟奖章。

莱特兄弟奖章

1924年，美国自动车工程师学会航空工程分会为纪念威尔伯·莱特和奥维尔·莱特兄弟俩，并借此促进航空科学的发展，特地设立了莱特兄弟奖章。1903年12月17日，在这一激动人心的时刻，莱特兄弟在美国基蒂霍克第一次成功地飞行了可操纵的动力飞机，尽管只历时59秒，飞行距离只有区区的259.75米，但从此开辟了人类的飞行时代。

随着航空科学技术的发展，1961年，美国自动车工程师学会把此奖的范围扩大，并改成年度奖，用于奖励在空气动力学、结构理论以及航空器和航天器的研究、制造、操纵方面的最佳论文。如果当年度没有上述方面的合适论文，也可以评选出航空或航天领域的任何其他课题的最佳论文。论文主要以其对知识新贡献的价值来评定。入选论文在学会会议召开前提交。为了能让更多的人获奖，学会规定，莱特兄弟奖章获得者须过三年后才能再度获奖。1975年，美国航空与航天学会把1965年设立的威尔伯·莱特和奥维尔·莱特

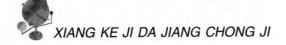
纪念演讲又改名为莱特兄弟航空学讲座，讲座主讲人也即莱特兄弟奖章获得者可获得一枚奖章，一份奖状。

从自行车匠到飞行第一人

100 多年前，在基蒂霍克升空的那架飞机并不是莱特兄弟制造的第一架飞机。在此之前，他们制造了许多模型飞机，其中包括一架用橡皮筋弹向空中的直升机，这一架直升机的构想灵感，还是受他们的父亲送给他们的一个玩具而萌发的呢。

哥哥威尔伯·莱特出生于 1867 年 4 月，4 年后，弟弟奥维尔·莱特出世。年幼时，这对兄弟俩就已经显出对机械设计、维修的特殊能力。他们善于思考，富于幻想，每当他们闲暇时，兄弟俩要么讨论某一个机械的结构，要么就去看工匠们修理机器。他们手艺精巧，还经常做出许多有创新意义的小玩具，比如会自由转弯的雪橇等等。

一天，出差回来的父亲给莱特兄弟带来一件礼物：一只会飞的类似直升机的机械蝴蝶。父亲给玩具上了发条，"小蝴蝶"便在空中飞舞起来。小兄弟俩高兴得不得了，但是他们觉得它飞得不够远，于是仿造玩具的样子又做了几个更大一些的。这些仿制品有的能够飞越树梢，有的飞了几十米远，但兄弟俩的一个尺寸很大的仿制品却遭到了失败。失败并没有让他们难过，反而激起了兄弟俩开始制造大飞机的兴趣和想法。

莱特兄弟

1894 年，莱特兄弟在代顿市开了一家自行车铺。由于他们俩工作认真，手艺好，再加上价格公道，店铺的生意兴隆。富于创新精神的莱特兄弟当然不会满足于这些，他们不愿终生与这些自行车零件打交道，于是，他们决定开始去实现童年时的梦想。

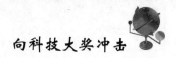

莱特兄弟造飞机的想法得到了当地一个飞行器研究学会的支持，副会长写了一封热情洋溢的信件给他们，并寄来了好多参考书籍。兄弟俩大受鼓舞，一有时间，他们就钻入书堆里，如饥似渴地饱读着航空基本知识。通过自学，很快，他们掌握了相关制造飞机的理论知识。

1900 年 10 月，他们的第一架滑翔机开始试飞，但是，试飞的结果不尽如人意，飞机只能勉强升空而且很不稳定，问题出在哪儿呢？经过认真的分析才知道，原来他们所沿用的前人数据有理论上的错误。于是，他们制造了一个风洞，以便通过实验修正数据，设计飞机。

这个风洞其实是一个小木箱，箱子的一端，鼓风机以一定的速度向里吹气。与现代飞机的高速风洞相比，它真是简陋至极！然而就是这个小小的辅助工具却帮了兄弟俩大忙，他们通过它得出了许多新的结论。根据它，兄弟俩设计出的第三架滑翔机终于获得了成功，无论是在强风还是微风的情况下，滑翔机都可以安全而平稳地在空中飞行。

滑翔机在空中飞翔时间毕竟有限，但假如给飞机加装动力并带上足够的燃料，那么它就可以自由地飞翔、起降。于是，兄弟俩又开始了动力飞机的研制。莱特兄弟废寝忘食地工作着，不久，他们便设计出一种性能优良的发动机和高效率的螺旋桨，然后成功地把各个部件组装成了世界上第一架动力飞机。

人类的第一次动力试飞

1903 年 12 月 17 日，美国基蒂霍克海滨吹着强劲的寒风，冻得人瑟瑟发抖。或许是出于不信任的原因，前来观看试飞的人寥寥无几，尽管如此，莱特兄弟依旧决定在这天试飞。远方的沙滩上，停着一架外形古怪的大机器——这就是莱特兄弟的"雏鹰"号。此时，兄弟俩正在进行试飞前最后的准备工作，他们仔细地检查飞机的每一个部件，直至确认没有任何问题。然后，弟弟奥维尔·莱特率先登上飞机。引擎发动，螺旋桨飞快地旋转起来。奥维尔打开刹车，强大的拉力开始带动飞机滑动。

莱特兄弟首次动力飞行器复制品

10，20，30……速度计的指针在不停变化，飞机越跑越快。突然，奥维尔感到一股强力使得机头抬起，然后，整个飞机完全脱离了地面。一切都像预料中那样，飞机飞行稳定，操纵性良好。12秒钟后，燃料用完，飞机平稳地降落在沙地上。兴奋的哥哥没等飞机停稳便挥动双臂，欢呼着向弟弟跑去。莱特兄弟紧紧地拥抱在一起。在没有任何技术、任何外来资金援助的情况下，他们完全是靠自己的头脑和双手，设计并制造出了大量精密而又复杂的零件，如今，他们付出无数血汗造出的动力飞机终于成功地完成了试飞，他们怎能不高兴呢？也许他们没有想到，正是他们的创举改变了整个世界。

本来，这是一件意义深远的历史大事件，然而，当时社会各界对此反应平平。要知道，在莱特兄弟之前，有多少科学专家绞尽脑汁，都没能使动力飞机上天，人们不相信一对毫无地位和声望的修车匠兄弟能造飞机！莱特兄弟不仅没有得到应有的荣誉，反而受到了尖刻的讽刺和嘲笑。而且，更令人啼笑皆非的是，在莱特兄弟数次成功之后，仍有报纸刊登一些权威科学家的话：靠比空气重的飞行器飞行是不可能实现的。莱特兄弟毫不介意这些，随着研制工作的推进，越来越多的航空事业爱好者们开始加入到支持他们的行列，不断鼓励着他们继续进取。他们的飞机很快有了很大的发展。到1908年时，莱特兄弟的飞机已可以持续飞行1小时以上，飞行距离可以超过100千米。此时，他们认为飞行器的时代已经到了，于是不断地向各国政府宣传他们的飞机，然而得到的答复都令人失望。还好，在友人的支持下，莱特兄弟决定到欧洲进行巡回飞行表演。

1908年8月8日，好运终于来临。威尔伯·莱特驾驶着他的飞机在众多法国名流面前进行公开表演。此时，人们再也不能不为眼前的情景感到惊讶了：这架飞机已经在空中盘旋100多圈，飞行时间达1个多小时，它打破了以往任何飞机所创下的所有记录，而且能够爬高、倾斜、平衡地飞"8"字。第二天，几乎所有的报纸都报道了这一新闻。从此，一股航空热潮逐渐掀起，前来参观观摩、体验飞行的人络绎不绝，其中，甚至还包括西班牙国王阿方索和英国国王爱德华七世。

10个月之后，奥维尔·莱特和他的飞机也在美国华盛顿市大出风头，它的飞行性能大大超过了美国国防部所制定的苛刻要求，终于得到了美国政府的采纳。飞机终于到了实用阶段。1909年11月，兄弟俩在代顿镇创立了莱特飞机公司，他们孜孜不倦地埋头研究，一架架性能更为优异的飞机从飞机厂出厂。到了第一次世界大战末期，莱特飞机公司生产的2000多台发动机正在世界各个角落上空运转。

1912年5月，年仅45岁的哥哥威尔伯·莱特因病英年早逝。奥维尔·莱特强忍悲痛，继承兄长的遗志，继续发展壮大自己的公司，到了后来，它已成为拥有资产上百亿元的大公司，成为美国首屈一指的大企业。莱特兄弟也因为实现了人们多年来的梦想，为后人所敬仰！

世界通信与信息技术领域的最高奖

今天，固定电话已进入千家万户，手机更是比比皆是。电话及相关的通信与信息技术在现代的人们生活中，扮演着越来越重要的角色，很难想象，如果没有电话这些现代通信设备，人类现在的生活该是多么的糟糕！为了表彰和激励那些献身通信科学技术事业，并取得卓越科学成就的科学家，在1974年"无线电之父"马可尼诞辰100周年纪念日，人们设立了马可尼国际研究基金奖。

这一奖励以著名的无线电发明人马可尼的名字命名，马可尼是一名意大利科学家，生于1874年。1901年他实现了从英国到加拿大长达3440千米的无线电跨洋通讯，从此使人类进入全球通信时代，他也因此被誉为"无线电之父"。1909年，马可尼荣获诺贝尔物理学奖。所以，用他的名字来命名世界通信与信息技术领域的科学大奖，可谓相得益彰，既能激励人们不断为发展现代通信与信息技术而奋斗，也很好地纪念了马可尼在科学发明和工程技术领域取得的杰出成就，纪念他在应用这些发明成果造福人类方面所作出的巨大贡献。

马可尼国际基金奖每年颁发一次，获奖者可获得研究员资格，同奖给25000美元的奖金和马可尼雕像的复制品一件。作为受聘研究员，获奖者将被委托从事重要的创造性工作，在如何应用通信科学技术造福人类方面进行深入的研究与探索，所获奖金也必须用于这一学术研究工作。获奖者还将应邀就委托的研究项目作一次公开讲座。

马可尼国际研究基金奖是一项国际科学技术奖，对获奖者的国籍、宗教、种族、性别、年龄等都没有任何限制。它在通讯领域有很大的影响力，被视为通讯科技界的诺贝尔奖。马可尼是怎么发明无线电的？他的背后又有什么神奇的故事呢？

追逐儿时的梦想

1874 年，马可尼出生在意大利北部的博洛尼亚城。小时候，马可尼就对物理学有着浓厚的兴趣，常常一个人躲在父亲庄园的小楼上，独自摆弄一些电圈、电铃等小玩意儿。有一次，他的母亲被他的表演吓了一跳：只见他在楼顶小实验室里一按电钮，楼下客厅里便响起一阵铃声，而令人奇怪的是楼上与客厅并没有导线相连。第二年夏天，他又把试验引向室外，在花园里进行了一次非常成功的电波传递试验。到了秋天，他已经可以把电波的传递距离延长到 1.7 英里。

这一系列成功，自然是马可尼钻研的结果，可也离不开赫兹对他的影响。几年前，他偶尔从一本电学杂志上看到几篇介绍赫兹进行实验的文章，感到非常有趣，于是萌发了一个念头：电磁波在中间无任何联系的情况下能从此球跳到彼球，那么是否能让它携带信息越过田野、城市、国度、洲甚至大洋呢？这样可以不受电线线路的影响，方便快捷地传递信息。

在家里试验的成功，极大鼓舞了爱动手的马可尼，他开始决心在无线电方面要大干一场。英国此时在无线电研究方面比较先进，为了实现理想，22 岁的马可尼在 1896 年只身离开了故土，前往英国。

在他前往英国寻求帮助时，英国也有一个慕才如渴的人在四处打听他的下落，这人是英国邮电总局工程师普利斯博士。

马可尼

博士自己研究无线电多年没有成功，当他从英国《电气杂志》上看到马可尼申请专利的简报后，非常想见这位有才华的青年人。所以当经人推荐的马可尼出现时，普利斯像见了老朋友一样高兴，并留他在邮电总局工作，从各方面予以大力支持。

在一次介绍无线电报的科普讲演会上，普利斯热情地把马可尼介绍给大家，并请他当众做表演。马可尼把两个盒子分别放在大厅的两个角上，这两个盒子一个是火花式发射机，它可以发射辐射波长是 1～1.5 米的电磁波；另一个是带继电器的金属屑检波器。马可尼守着接收机，让一个听众当场发报，当这个听众按下电键的时候，马可尼面前的盒子上的电铃立刻就发出了响声。观众为此赞叹不已，马可尼也由此名扬全英国，其研究得到了英国政府的资助。

风筝升起天线

1900 年，马可尼在普尔杜建立了第一座大功率发射台，采用 10 千瓦的音响火花式电报发射机，开始了他建立欧洲和美洲无线电通讯的庞大计划。尽管当时许多人断然否定它成功的可能性，但马可尼坚信科学试验能探索真理、解答难题，于是加紧进行他的研究工作。

1901 年 12 月 10 日，马可尼在纽芬兰放起一只六边形风筝，引着天线升向天空，这个天线预计可接收来自美洲的信号。12 月 12 日，预定的通讯时间到了，马可尼坐在小山的一座钟楼内，手握无线电听筒，屏息等待着大西洋彼岸发来的信号。突然，三下微弱的"嘀嘀"声传入耳朵。终于成功了！由于马可尼在无线电通信方面所做的贡献，他荣获了 1909 年的诺贝尔奖。

这项伟大的发明一问世，就开始显示出它的"威力"。1909 年，一艘汽船发生事故，遭到毁坏而沉入海底，这时，马可尼发明的无线电通信起了重大作用，正是借助无线电通讯发出的信息的帮助，除 6 个人外，船上其他人员全部得救。无线电通讯技术迅速得到发展，现在，无线电通信在我们的生活中起着极其重要的作用。它被广泛应用于新闻宣传、娱乐、军事、科研及其他领域。正因为如此，尽管马可尼只是一位发明家，但他的名字却著称于世，甚至尽管马可尼没有发明电视，但是有人认为无线电的发明是电视发明的一个重要先兆，因而把发明电视的一部分功劳也归功于马可尼呢。

制造天才大脑的实验

马可尼国际研究基金奖自设立以来，已有多位学者专家获得此奖，例如被誉为"光纤之父"的知名华裔学者高锟，就曾获得此项大奖，他是一位在光纤理论等科学领域获得29项专利的专家。而同样获得此奖的艾伦·史莱德博士的研究就更神奇了，这位澳大利亚专家正在开展的实验是制造天才大脑！

米开朗琪罗、爱因斯坦、普希金，他们都是无可否认的艺术、科学、文学巨匠，人们习惯性地把他们称为天才。但在艾伦·史莱德博士看来，其实天才都是有些偏离常规的人。他们的某些素质特别发达，某些素质则被抵消，爱因斯坦在日常生活中很难与人交往；普希金有某种程度的精神分裂；米开朗琪罗则有孤独症。如果把正常人大脑中某些不良素质过滤掉，而把良好的素质保留并激发出来，那么就可能人为制造出"天才"来。

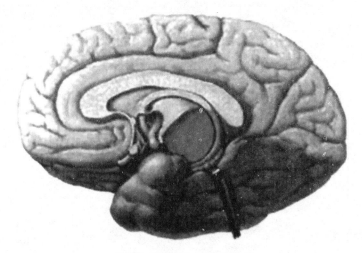

人的大脑藏有无数科学奥秘

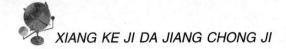

艾伦·史莱德博士于是开展了如下实验：针对实验者的具体情况，用特定的仪器，让人脑某个区域人为受到损伤，于是实验者就会突然表现出某一方面的天分，从而"制造"出一个某方面天才的大脑来。

这种危险的实验办法会不会把人脑烧坏？如果使用某种人工手段暂时抑制正常人脑部某部分的功能，真的能激发他们的潜能吗？科学家经过实验，证明这个办法真的有一定可行性。艾伦·史莱德博士成功地进行了这种实验，实验结果证明大部分人都可以通过这种办法，受到激发从而产生某方面的才能。

当然，这种实验是具有相当危险性的，跟一些为了科学敢于献身的科学家一样，史莱德博士为了实验能成功，就曾亲自接受过这种实验——在脑部的某个特定区域接进磁脉冲，激发脑部潜能。史莱德博士因此被封为澳大利亚"十大创造性头脑"之一。

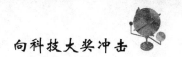

奖金数额最大的国际数字奖

以挪威数学家阿贝尔名字命名的"阿贝尔奖",设立于 2002 年。这是近年来新产生的一项有影响的国际数学大奖。挪威政府创立该奖的目的是为了鼓励人类在数学领域的探索与研究,同时也是为了弥补科学领域最高荣誉——诺贝尔奖中没有数学奖的遗憾。所以,阿贝尔奖仿效诺贝尔奖,每年颁发一次,奖金额约为 87.5 万美元,跟诺贝尔奖金差不多,是目前国际数学奖中奖金额最大的奖项。

在阿贝尔奖创立之前,国际数学界最著名的奖项当属以已故加拿大数学家菲尔兹名字命名的"菲尔兹奖",但该奖不仅奖金很少(不到诺贝尔奖的1%),而且限制获奖者必须在 40 岁以下。对它的一个补充是以色列的"沃尔夫数学奖",它虽然没有年龄限制,但它只是一个综合奖中的其中一项,非学术因素存在其中。第三个是瑞典颁发的"克拉福德奖",这是为弥补诺贝尔奖学科少的缺陷而设的,包括数学、地球物理等学科奖项,但每个学科六七年才轮到一次,影响力有限。与以上奖项相比,阿贝尔奖尽管历史较短,但阿贝尔奖的设立弥补了以前所有重要数学奖的不足之处:一是奖金数额与诺贝尔奖相当,二是一年一评,三是取消了年龄限制。因此,很快在世界范围内获得了广泛的承认。

裁缝喜欢上了数学

阿贝尔是 19 世纪挪威出现的最伟大数学家,22 岁的时候,他就以证明一元五次方程的根的一般解的不可能性而闻名于世,他去世时才 26 岁他短短的

阿贝尔留在世上的惟一画像

一生，一直在贫穷的环境中挣扎，却对数学的发展作出了重大的贡献。

阿贝尔出生在一个大家庭里，家里有7个兄弟姊妹，父亲是小乡村的穷牧师。因为没有钱请家庭教师，所以阿贝尔小时基本上是靠父亲教导来识字，在13岁时，他才被送到学校读书。在这里，阿贝尔遇到一个仅比自己大7岁的数学老师洪波义。

洪波义学过一些纯数学，而且曾当过挪威著名天文学家汉斯丁教授的助教。对中学数学课他是驾轻就熟，他跟一般的教师教法不同，采用新颖不死板的方法：他注重培养学生的独立学习能力，并且给一些适合他们的数学问题，鼓励他们去解决。

阿贝尔很喜欢这个年轻教师，他开始发现数学并不像以前那样枯燥无味，慢慢地，他从中找到学习数学的兴趣，他因为能解决一些同学不能解决的问题而快乐。第一学年末，洪波义在学生的报告书上对阿贝尔的评语是："一个优秀的数学天才"。

在这样的氛围中，阿贝尔对数学的热忱越来越高，老师洪波义对他宠爱有加，不断鼓励他，并且开始给他一些大学才学的数学题解。洪波义后来回忆道："从这时开始，阿贝尔沉迷进数学，他以惊人的热忱和速度向这门科学进军。在短期间他学了大部分的大学初级数学，在他的要求下，我私人教授他高等数学。过了不久他自己读法国数学家柏松的作品，念德国数学家高斯的书，特别是拉格朗日的书。他已经开始研究几门数学分支。"

此时，小说和诗歌不再吸引16岁的阿贝尔的兴趣了，他到图书馆只找纯数学和应用数学的书来看，他把自己研究的一些东西记在一本大簿子里。有趣的是，由于阿贝尔身体不太好，脸色苍白，衣服破旧得像长期工作的裁缝，同学给他取了个外号叫"裁缝阿贝尔"。

答案被埋没

在他中学的最后一年，阿贝尔开始考虑当时出名的数学难题——五次方程的一般解问题。求一元四次方程的根的公式是 16 世纪的热门问题，这被意大利的数学家给解决了。可是以后的几百年，数学家们摸索找寻一元五次或者更高次方程的根的一般公式。条件是：用加、减、乘、除和开几次方的代数运算及方程的系数来表示这公式，但没有人能成功。

阿贝尔考虑不久，他觉得他得到了答案，可是教师洪波义看不懂，也不知道有什么地方错误，拿到大学去找他的教授汉斯丁看，但是教授也看不懂，甚至全挪威也没有人能了解这个答案。当时北欧只有丹麦的数学水平较高，于是汉斯丁教授把手稿寄给丹麦著名的数学家达根，希望能由丹麦科学院出版。

达根教授也看不出阿贝尔论证有什么错误的地方，可是凭借他的经验，他知道以前的一些大数学家对这问题都解决不出，这问题不会这么简单就解决出来了。他要求阿贝尔用一些实际的例子来说明他的方法。他还鼓励说就算阿贝尔的结果最后证明是错的，但也显示出他是一个有数学才能的人。达根的劝告是很诚恳并且是有建设性的。阿贝尔后来用实际的例子来验证，证明他的发现是错误的。

阿贝尔中学毕业后，非常想去读大学，在几位教授的帮助下，家境贫困的他顺利进了大学。在大学他首先要取得初级学位，以后就可以自由研究他感兴趣的东西，他一年就取得这个学位。从此，他一门心思扑在数学的学习上。

1823 年汉斯丁教授创办了一份新的科学杂志，阿贝尔有一篇关于泛函方程的文章在上面发表。这篇文章在数学史上是很重要，因为这是第一个给出了积分方程的解。可是在当时却没有受到其他数学家的重视。

教天文学的拉斯穆辛教授在 1823 年夏天给阿贝尔一笔钱，让他去丹麦哥本哈根见达根，希望他能在外面扩大见识。从丹麦回来后，阿贝尔重新考虑一元五次方程解的问题，结果总算正确地解决了几百年来的难题：不可能用＋、－、×、÷及开几次方的代数运算和方程的系数来表示五次方程的根的一般解。这结果在 1799 年曾被意大利数学家鲁芬尼得到，但他的证明并不充分完整，不过，现代数学上把以上的结果仍称为"阿贝尔——鲁芬尼定理"。

阿贝尔觉得这结果很重要，因此自掏腰包在当地的印刷馆印刷他的论文，为了使更多人知道，这论文是用法文写的，可是因为穷，为了减少印刷费，他把结果紧缩成只有六页的小册子。然后他满怀信心把这小册子寄给外国的数学家，包括当时德国著名的数学家高斯，希望能得到一些反应。可惜文章太简洁了，没有人能看懂。而高斯收到这小册子时，觉得不可能用这么短的篇幅证明这个世界著名的问题——包括他也还没法子解决的问题，于是顺手把小册子搁在他的书堆里。阿贝尔的新定理就这样被人忽略掉了。

好消息来得太晚了

阿贝尔大学毕业后，因为找不到工作，便出国到欧洲其他一些国家，希望自己的研究成果能得到数学家们的承认与理解，但他失败了。1827 年 5 月底，阿贝尔返回奥斯陆，此时的他不只身无分文，还欠了朋友一些钱，因为他的弟弟用他的名字借了一些钱，他必须还清。为了生活，阿贝尔重操学生时代的旧业——教补习。从小学生到准备入大学的学生，从德文、法文到初级数学，阿贝尔都教。德国的克列尔很了解阿贝尔的处境，他想要给这个难得的天才在柏林找到一个永久职位，于是他到处为阿贝尔奔走努力。

1829 年 4 月 8 日，好朋友克列尔很高兴地给阿贝尔写信："我已经从教育部的负责人那里知道你的职业是肯定有了，柏林大学想要礼聘你……我想快点让你知道这好消息，你现在可以不必忧虑了。我非常高兴，就像是我获得了这职业。"但是，这个好消息来得太晚了，数学天才阿贝尔此时却因为得了结核病，很快离开了人世，年仅 26 岁。

阿贝尔的影响

阿贝尔尽管英年早逝，尽管他的相关数学理论非常抽象难懂，还没有实际运用价值，但他的影响却是深远的，并且这种影响越来越大。

法国数学家厄米特在谈到阿贝尔的贡献时曾说过："阿贝尔留下的工作，可以使以后的数学家足够忙碌150年！"他的这句话并不夸大。

如和阿贝尔同时期的一个法国少年读到了他的著作，于是在不到20岁的时候，在代数方程论推陈出新创立了一门新的数学理论——伽罗华理论。

正因为如此，如今阿贝尔遗留下来的原稿成了价值连城的宝贝，结果有一位原籍意大利的法国数学家，利用所谓历史专家的身份，在编排法国文物时，盗取了三份阿贝尔手稿。这些重要手稿，直到1952年才在意大利的佛罗伦萨被发现。

塞尔在领奖

为了纪念自己国家这位伟大的天才数学家，挪威在 1902 年时就有意设立一项阿贝尔奖，但因故未能实现。如今，在阿贝尔诞辰 200 周年之际，这一设想终于变成了现实。挪威政府拨款 2 亿挪威克郎（约合 2200 万美元）设立阿贝尔纪念基金，成立了阿贝尔奖。

"荣誉列车"的第一位乘客

阿贝尔奖一问世，便引来世人广泛的关注，因此，它的第一届颁奖也成为大家关注的话题。谁是阿贝尔奖"荣誉列车"的第一位乘客呢？2003 年 4 月 3 日，挪威科学院在挪威首都奥斯陆宣布，把首届阿贝尔奖授予法国数学家让·皮埃尔·塞尔。

塞尔 1926 年出生于法国。他的父母都是药剂师，但他的母亲竟然喜欢数学。出于兴趣，她曾选修了大学一年级的微积分课，并通过了考试。不知是遗传还是家庭环境的影响，从小学时起，塞尔就喜欢上了数学。在中学里，他曾与比他大的孩子住在一起，结果常常被欺侮。多年后，他风趣地回忆说："为了平抚他们，我就经常帮他们做数学作业。"这种做高年级题目的机会，成为他一种极好的学习训练。14 岁时，塞尔开始经常翻看他母亲精心保存下来的微积分课本，知道了导数、积分和级数等概念。中学最后一年，他遇到了一位很好的数学老师。这位绰号叫"胡子"的老师对塞尔进行了全面的训练，结果使塞尔在"中学优等生会考"的全国数学竞赛中得了头奖使塞尔顺利考入了巴黎高等师范学校。正是在这所著名的法国学府中，塞尔确定了自己一生的职业：做一个从事研究的数学家。

在高等师范学校学习期间，塞尔参加了著名数学家嘉当举办的代数拓扑学讨论班，并在嘉当的指导下开始研究代数拓扑学。同调与同伦理论是这一学科的两大支柱。塞尔在进入这一数学领域后不久就在同伦理论方面取得了重要成果。在 1951 年出版的博士论文中，塞尔有效利用一种被称为谱序列的代数工具，准确计算出了若干同伦群，并建立了一般结果、一般理论。在 20

世纪 50 年代初及其后的几年时间中，塞尔还在同调代数方面做了许多重要的工作，促使了同调代数这门学科的诞生。鉴于塞尔对代数拓扑，特别是对同伦论、同调代数的杰出贡献，1954 年他被授予菲尔兹奖，时年仅 28 岁，成为迄今为止荣获此奖时最年轻的一位数学家。

塞尔没有辜负人们对他的厚爱与期待，他在越过一个科学高峰后，很快开始了向新的高峰攀登的历程。1954 年以后，塞尔的工作转向代数几何学和复解析几何学的领域。1955 年，他提出了著名的塞尔猜想。20 世纪 60 年代中期，塞尔又转向数论研究，推动了数论的向前发展。除此外，塞尔还在多复变函数论中有重要建树。毫不夸张地说，在作为数学家的漫长生涯中，塞尔徜徉于多个数学分支，广泛涉足不同的数学领域，并在这多个数学分支中留下了深深的印迹。

丰硕的成果为塞尔这位不懈的探索者赢得了众多的荣誉。2000 年，塞尔荣获了另一项国际性数学大奖：沃尔夫奖。2003 年，这位 77 岁的数学大师又如众望成为阿贝尔奖的第一个获奖者。至此，塞尔囊括了世界上最有名的三项数学大奖。

一鸣惊人的大胆假说

1900 年，一位德国的科学家提出了一个大胆的假说，在科学界一鸣惊人。这一假说认为辐射能（即光波能）不是一种连续不断的流的形式，而是由小微粒组成的。他把这种小微粒叫做量子。这一量子假说与经典的光学说和电磁学说相对立，使物理学发生了一场深远的革命，从而促使人们对物质的放射性有了更深刻的了解。提出这一假说的科学家名叫马克斯·普朗克，由于提出这一假说，他获得 1918 年诺贝尔物理学奖。也由于这一假说，让普朗克成为著名物理学家，才有了后来的普朗克奖章。

普朗克奖章

普朗克奖章是在 1929 年由德国物理学会设立的物理学奖，用于奖励那些在理论物理学领域，特别是与马克斯·普朗克的工作有联系的领域的杰出成就，以纪念这位著名的德国物理学家，推动物理学向前发展。普朗克奖章包括一枚奖章、一份奖状，每年一次，由德国物理学会评选和颁奖。候选人由若干名前获奖者组成的一个委员会推荐，每次评奖时，必须提出两名候选人。

尽管普朗克奖章从奖金金额到知名度都不是太高，但是普朗克奖章对世界各国科学家开放，普朗克这个名字在物理学界也有着革命性的意义，因此以他名字命名的科学奖算得上是物理学领域的大奖。有意思的是，正因为马克斯·普朗克的影响，在德国，除了这个科学奖，甚至有多达几十个科学研究所都以马克斯·普朗克的名字来命名。

马克斯·普朗克研究所是多个德国科学研究所的名称，它们一起组织在马克斯·普朗克学会中，总部设在南部城市慕尼黑，与德国的其他研究机构相比，马克斯·普朗克研究所更加注重基础研究。

投身物理学

普朗克

普朗克于 1858 年出生在德国的基尔市。他先后就读于柏林大学和慕尼黑大学，21 岁时在慕尼黑大学获得物理学博士学位。1889 年任柏林大学教授，直到 1928 年 70 岁退休为止。普朗克从小就表现出很高的数学天分，同时也十分爱好音乐。在 19 世纪末，古典物理学已经取得了辉煌的成就。普朗克曾向受人尊敬的慕尼黑大学教授诺利征求意见，教授认为物理学已接近完美，没有再研究的必要，劝他不要从事物理研究，但普朗克还是选择了物理学作为自己一生的追求。

实际上，当时正处于顶峰的古典物理学面临着前所未有的危机，许多方而亟待新的理论来指导。和当时的其他物理学家一样，普朗克对黑体辐射问题充满了兴趣，黑体辐射是描述给绝对黑体加热来做电磁辐射的术语，绝对黑体是不反射任何光而完全吸收所遇见光的物体。在普朗克开始对它研究之前，已经有实验物理学家们对这样的物体辐射做过认真的测量。在前人的研究基础上，普朗克取得了不小的进步，他的第一项成就是提出了一个用来正确描绘黑体辐射的相当复杂的代数公式。这个代数式完美地概述了实验数据，在今天，理论物理学上仍常常使用它。但是，这个成果也同时产生一个新的问题：这预示存在着一个完全不同的公式。

了不起的假说

　　普朗克对这个问题沉思默想，1900 年 12 月 14 日，他在德国物理学年会上做了题为《正确光谱辐射的分布理论》的报告，这个报告正式宣告了量子理论的诞生。他指出，物体在产生和吸收辐射时，能量不是连续变化的，而是以一定数量值整数倍跳跃式地变化。也就是说，能量不是无限可分的，而是有一最小的单元。这个不可分的能量单元，普朗克称它为"能量子"或"量子"。根据普朗克学说，一个光量子的大小取决于光的频率（即颜色）且与一个物理量成正比。普朗克把这个物理量缩写为 h，现在被称为普朗克常数。普朗克假说与当时流行的物理概念完全对立，但是他正是利用这一假说，在理论上准确地推导了正确的黑体辐射公式。

　　普朗克假说在当时并不被广泛看好，当初大多数物理学家（包括普朗克本人在内）都认为这一假说不过是适应面很窄的一个数学假设。但是几年以后，表明普朗克的概念还能应用于除黑体辐射以外的许多各种不同的物理现

普朗克与爱因斯坦

象。1905年爱因斯坦用这一概念解释了光电效应。1913年，尼尔斯·玻尔在他的原子结构学说中也使用了这一概念。这些大科学家无一不是利用普朗克的假说，在科学研究上取得了新的进展，所以，慢慢地，人们认识到普朗克假说的重要性。

普朗克这一假说非常有意义，它使人们在思想上摆脱了先前的错误概念，打破了物理学自牛顿以来的沉寂，迎来了新世纪物理学的发展，从而导致了量子力学的发展，使量子力学成为20世纪中最重要的科学之一，甚至比爱因斯坦的相对论还要重要。现在，普朗克常数h在物理理论中有着重要的作用，被认为是两三个最基本的物理常数之一。它出现在原子结构学说、海森堡测不准原理、辐射学说和许多科学公式中。普朗克最初计算出来的常数数值相当精确，只比今天使用的相差2%。正因为如此，后来的人们尊称普朗克为"量子力学之父"。

在第二次世界大战期间，德高望重的普朗克冒着生命危险，为帮助和支持受法西斯迫害的犹太籍科学家而奔走呐喊。普朗克的伟大发现和他的崇高品格，使他的名字与科学史上许多伟大的名字并列在一起。正如他的学生、诺贝尔奖获得者劳厄所说："只要自然科学存在，它就不会让普朗克的名字被遗忘。"

联合国教科文组织科学奖

联合国教科文组织科学奖是由联合国教科文组织设立的，这项科学奖目前一共设有 6 个科学单项奖，它们分别是："人工大河"国际水奖、羯陵伽普及科学奖、联合国教科文组织科学单项奖、贾乌德·侯赛因青年科学家奖、卡洛斯·芬利奖和卡布斯苏丹环境保护奖。

"人工大河"国际水奖是 2001 年新设立的奖项，由利比亚资助，奖金为 2 万美元，计划每两年颁发一次，奖励在地下水开发和地上水使用研究方面有所作为的个人和团体。获得首届"人工大河"国际水奖的是澳大利亚的一个水资源研究小组，他们在水贮存和含水层再生方面取得了令人瞩目的成果。

羯陵伽普及科学奖是一项科普奖，每年颁发一次，包括 1000 英镑奖金和一枚爱因斯坦奖章，用于奖励在向大众普及科学知识方面作出突出成绩的人。例如，曾获得羯陵伽普及科学奖的意大利斯特凡诺·凡托尼教授，他共写了 160 多篇科普著作，并在意大利的里雅斯特兴办了一所向青年学生传授科普新闻写作知识的学校。

联合国教科文组织科学单项奖每两年颁发一次，奖金为 1.5 万美元，主要奖励那些通过科学研究推进发展中国家或地区科技进步的个人或集体。曾获得此奖项的墨西哥伊涅斯塔教授，他的研究为粮食储藏开创了新的理念，并因此为墨西哥和其他发展中国家每年节省数百万美元。

贾乌德·侯赛因青年科学家奖被认为是国际上表彰青年科学家的最高奖，每两年评选一次，奖金为 8500 美元，主要授予在基础研究或应用研究领域有杰出成就的 36 岁以下的科学家。

联合国会徽

卡洛斯·芬利奖每两年颁发一次，奖金为 5000 美元，主要奖励在微生物领域作出杰出贡献的科学家。墨西哥的沙勒东和奥尔蒂斯共同获得 2006 年的这一奖项。他们在幼儿胃肠炎病毒的研究中成绩突出。

卡布斯苏丹环境保护奖每两年评选一次，奖金为 2 万美元，今年由乍得环境保护志愿者协会获得。这一协会利用传统技术与土地沙漠化和干旱进行了不懈的斗争，1997 年以来，他们共在国内种植了 2 万多棵树苗，并为当地居民培养分发了 7 万多株植物。

教科文组织的全称为联合国教育、科学及文化组织，1945 年 11 月，在英国伦敦会议上通过了教科文组织的组织法，1946 年 11 月 4 日正式生效，当时就有 20 个国家递交了接受书。同年 12 月成为联合国专门机构，目前有成员 188 个国家和地区（截至 2002 年），总部设在巴黎。教科文组织的宗旨是：通过教育、科学及文化来促进各国之间的合作，以增进对正义、法治及联合国宪章所确认的世界人民不分种族、性别、语言、宗教均享有人权与自由的

普遍尊重，对世界和平与安全作出贡献。组织机构由三个部分组成：大会——由全体会员国组成，是教科文组织的最高权力机构，一般每两年召开一次，教科文组织的计划与预算，按一国一票的原则，由大会投票通过；执行局——由58个会员国的代表组成，是一个行政机构，为召开大会作准备，并负责大会决议的有效实施，一般每年开会两次；秘书处——是教科文组织的执行机构，全体工作人员在当选后，在任期六年的总干事的领导下，实施会员国大会通过的计划。

激光照排之父

我国迄今为止，只有袁隆平和王选两人获得联合国教科文组织科学奖这个奖项。

王选是我国著名的计算机专家，被称为"激光照排之父"、"当代毕昇"。1975年主持汉字激光照排系统的研制，十几年如一日，从没休息一天，最终发明了激光照排，改写了我国印刷业的历史，也几乎囊括了国内外重大的发明奖项。1995年，王选获得联合国教科文组织科学单项奖。

1995年教科文组织副总干事给王选颁奖

王选的发明源于落后的铅印。在过去铅印时代，工人在捡铅字排版印刷时，得来回跑动，一天工作下来，捡铅字的人相当于每天走十几千米路，非常累。而那些从事熔铅的工人，很容易得职业病，每过几年都要去打一次铅毒。整个印刷行业效率极低，当时出一本书得半年。

王选的发明，一下子改变了这种落后状况。激光照排一问世，就在市场上创造了一个神话，现在它已占据了中国报业的99%，海外中文报业80%的市场份额。西方国家用了40年的时间，才从第一代照排机发展到第四代激光照排系统，而我国却从落后的铅字排版一步就跨进了最先进的技术领域，使我国印刷业的发展历程缩短了将近半个世纪，并且使印刷行业的效率提高了几十倍。

王选说："我想真正的成功，还是要积累，和有绝招。我一直鼓励后来的年轻人，需要长期积累，在年轻的时候就需要一种非常刻苦的精神，丝毫不能够急功近利，而且我非常赞赏西方一句话——如果一心想得诺贝尔奖，反而得不到诺贝尔奖。而且我当年做的，根本没有想到金钱上的报酬，名誉上的荣誉。所以我始终这么认为，没有必要的长时间的积累，没有好的洞察力和这种执著的精神，想成就大的事业是有困难的。"

制碱世界里的大比拼

索尔维科学奖由比利时科学研究基金会设立，一共有两项奖，一项授予用法语的科学家，另一项授予用荷兰语的科学家。两项奖都是五年颁发一次，金额为 75 万比利时法郎。索尔维科学奖是专门奖励那些在人类科学领域取得杰出成就的科学家。参评候选人必须得到三位科学家推荐，其中至少要有两位比利时科学家。

索尔维科学奖是为纪念比利时工业化学家欧内斯特·索尔维而命名。索尔维 1838 年 4 月 16 日生于比利时，以发明生产苏条（碳酸钠）的氨碱法而闻名。索尔维利用他的发明，获得巨大财富，并把这笔财富用于各种慈善事业，包括设立索尔维科学奖和举办著名的索尔维国际化学物理学会议等。这些会议的召开对促进世界科学事业的发展起了非常重要的作用。索尔维会议和传统的学术会议不同，后者一般只公布已经获得一定成果的科学研究工作，而索尔维会议却致力于讨论物理学发展中有待解决的关键性问题。这个会议的另一个特点是每次都由人数不多的、来自世界各国有关方面最杰出的专家就一个专题进行讨论。

每当索尔维会议召开，总会引来世人关注的目光，到会的世界著名物理学家和化学家，以及科学家对前沿问题的

索尔维

激烈讨论，成为会议的两大亮点。特别是在 20 世纪 10～30 年代，那时恰逢物理学大发展时期，参加会议者又都是一流物理学家与化学家，使得索尔维会议在当时成为非常著名的大会。

第一次索尔维会议于 1911 年秋天在布鲁塞尔举行，主席为德高望重的荷兰物理学家洛仑兹，参与者有德布罗意、庞加莱、居里夫人等人，爱因斯坦也参加了会议，并且是与会人士年龄最小的。最著名的一次索尔维会议是 1927 年 10 月召开的第五次索尔维会议。参加会议的 29 人中有 17 人获得诺贝尔奖。

打破纯碱垄断

索尔维因创造氨碱法制碱而一举成名，这种方法是用食盐、氨和二氧化碳来制取碳酸钠，这种生产方法被称为索尔维法，又称氨碱法。在当时，碳酸钠的用途非常广泛。虽然人们曾先后从盐碱地和盐湖中获得碳酸钠，但仍不能满足工业生产的需要。所以索尔维的发明极大解决了这一难题。此后，

美国纽约索尔维法制碱工厂

英、法、德、美等国相继建立了大规模生产纯碱的工厂，并组织了索尔维公会，对会员以外的国家实行技术封锁。

第一次世界大战期间，欧亚交通受到阻塞。由于我国所需纯碱都是从英国进口的，一时间，纯碱非常缺乏，一些以纯碱为原料的民族工业难以生存。1917年，爱国实业家范旭东在天津塘沽创办了永利碱业公司，决心打破洋人的垄断，生产出中国的纯碱。他聘请正在美国留学的侯德榜出任总工程师。

1920年，侯德榜毅然回国任职。他全身心地投入到制碱工艺和设备的改进上，终于摸索出了索尔维法的各项生产技术。1924年8月，塘沽碱厂正式投产。1926年，中国生产的"红三角"牌纯碱在美国费城的万国博览会上获得金质奖章。产品不但畅销国内，而且远销到日本和东南亚。

针对索尔维法生产纯碱时食盐利用率低，制碱成本高，废液、废渣污染环境和难以处理等不足，侯德榜经过上千次试验，在1943年成功创造了联合制碱法。这种方法把合成氨和纯碱两种产品联合生产，提高了食盐利用率，缩短了生产流程，减少了对环境的污染，降低了纯碱的成本。联合制碱法很快为世界所采用。

阿尔伯特·爱因斯坦世界科学奖

阿尔伯特·爱因斯坦世界科学奖是一项世界性的科学大奖，由世界文化理事会设立，每年颁发一次，授予为造福人类作出贡献的杰出科学家。奖品包括一张奖状、一枚纪念奖章和一笔 10000 美元的奖金。1987 年，我国著名的中西医结合泌尿科专家刘猷枋获得此奖，所发的奖状题词为：授给刘猷枋博士，表彰其广博学识、科学业绩。奖状上还有世界文化理事会主席查尔斯·坦弗德的签字。

阿尔伯特·爱因斯坦世界科学奖以伟大的科学家爱因斯坦的名字命名，表示了对他的尊敬与纪念。爱因斯坦是世界公认的自伽利略、牛顿以来最伟大的科学家、思想家。以这样一个科学巨星的姓氏命名的世界科学奖作为一种荣誉，激励着世界科学家们为之奋斗，并推动人类文明的发展。也使这项科学奖成为国际物理界很有威望的大奖。

戴草帽的博士

爱因斯坦的一生，在宇宙学、统一场论、物理学哲学问题等许多方面进行了深入的研究，他创立了代表现代科学的相对论，这是人类对于自然界认识过程中的一次飞跃，对批判牛顿力学的形而上学体系，揭示空间与时间的辩证关系，加深人们对物质和运动的认识，具有划时代的历史意义。爱因斯坦发展了普朗克的量子论，提出关于光的量子概念，并用量子理论解释光电效应、辐射过程和固体比热等，为核能开发奠定了理论基础。1921 年，爱因斯坦以他在理论物理方面的成就，特别是发现"光电效应定律"，获得诺贝尔

阿尔伯特·爱因斯坦

物理学奖。有人说："爱因斯坦一生的科学成就，让他至少能获7次诺贝尔奖。"这话一点也不假。

爱因斯坦在科学上作出不朽的贡献，但在现实生活中，他又是一个简朴而又粗心的人。他曾经因为朴素的打扮，而得到"戴草帽的博士"的雅号。那是1909年7月7日，正值瑞士的日内瓦大学建校350周年。这一天，瑞士联邦总统亲自来到日内瓦大学，要给上百个科学家颁发博士帽。

不巧，那天下起了大雨。在大雨之中，许多嘉宾都坐着马车，穿着笔挺的燕尾服或者是中世纪的绣金长袍，头戴平顶丝帽而来。这时，在大雨中走来一个人，却穿着一身很普通的衣服，头戴一顶大草帽，步行到日内瓦大学。看门人不肯放他进去，直到看了请柬，才明白这位正是著名的物理学家阿尔伯特·爱因斯坦。

在颁发学位证书和博士帽时，第一个被喊到名字的，便是身穿便服头戴大草帽的爱因斯坦。大家见了他这副模样，都笑着给他一个雅号："戴草帽的博士"。

一天，爱因斯坦刚到普林斯顿大学时竟忘记了自己的住址，但他想到了打电话问校长的办法，于是致电给校长办公室，校长秘书抱歉地回答说："校长电话不能给，除了爱因斯坦。"爱因斯坦平静地回答："我就是爱因斯坦，但我不知道如何回家了。"

还有一次，比利时国王和王后邀请爱因斯坦去作客，爱因斯坦只穿了一双旧皮鞋，披了一件破雨衣就去了。到火车站去迎接的人没有认出他，回来向国王报告说"教授没有来"。可过了半小时，爱因斯坦自己步行来到王宫，那人见了，才知道爱因斯坦穿着像普通人一样，一点也不像自己所想象中的教授样子。逝世前，爱因斯坦留下遗嘱："不发讣告，不举行公开葬礼，不建坟墓，不立纪念碑。"

他不是神童

1879 年 3 月 14 日，爱因斯坦出生在德国西南部的古城乌尔姆的犹太人的家里。小时候，他对大自然就产生了浓厚的兴趣。他常想雨为什么会从天上落下来？月亮为什么不会从天上掉下来？在他四五岁的时候，身为电器作坊小业主的父亲给他看一个罗盘，结果他抓到手怎么也不肯放！

但爱因斯坦并不是个早慧的孩子，到 4 岁时，他还不太会说话，而他的妹妹已经可以喋喋不休了。他也不喜欢和其他男孩子在一起跑疯打闹，尤其厌恶小伙伴们酷爱的军事游戏。大部分时间，他都是一个人躲在一边安静地玩积木，耐心地搭出钟楼、教堂、市政厅等建筑模型来，还常常自己创造出许多玩法。比如，他喜欢用卡片搭房子，能一直搭到十四层楼高。他看着自己的"建筑"时，便感到创造的快乐。

爱因斯坦的叔叔是一个对科学有强烈兴趣的人，与爱因斯坦的父亲一同经营小电器厂。在电力工业刚刚兴起时，他们便开始生产发电机、弧光灯、白炽灯和电话。在叔叔的影响下，爱因斯坦从小对动手的技术和抽象的数学都非常感兴趣。10 岁以后，当地的一位医科大学学生塔尔穆德每周末到爱因斯坦家做客，常常给小阿尔伯特带些科学和哲学的书籍。

爱因斯坦在 12 岁的时候，得到一本欧几里得平面几何。书中说，三角形的

童年时的爱因斯坦与他的妹妹在一起

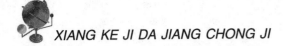
三个高相交于一点。爱因斯坦经过反复求证，果真那三个高相交于一点，他开始对数学发生了兴趣。从12岁到16岁，爱因斯坦认真学习数学，弄懂了微积分原理。

17岁时，爱因斯坦考入瑞士苏黎世工业专科学校。21岁时毕业，当中学教师。后来，他到瑞士联邦专利局当专利审查员。专利审查员的工作，简单而且程式化，他每天花三四个小时，有时只用一小时，就把一天的工作全部做完了。可是，专利局规定工作人员不许随便走开，也不允许做别的工作。爱因斯坦很不习惯，他想出一个办法：把书放在抽屉里看。一旦局长走过来了，他把身体朝前一挺，推上抽屉，局长就无法发觉。他还不断地研究物理学，把计算出的结果塞进抽屉里。

爱因斯坦珍惜时间，他对青年人说："等你们60岁的时候，你们就会珍惜由你们支配的每一个钟头了！"然而，爱因斯坦也很注意合理的休息。他的写字桌旁就有一架钢琴，屋角装有一台铜制的望远镜。他觉得用脑过度了，就弹一会儿钢琴，或用望远镜观察星空。爱因斯坦常用钢琴弹贝多芬或巴赫的曲子。爱因斯坦从6岁起就跟人学拉小提琴，13岁时就会拉一手好琴。爱因斯坦还喜欢唱《花园小夜曲》，或者朗读诗人海涅的作品《哈茨山旅行记》。他也很喜欢骑自行车、爬山、划船。

一生最大的错事

就是这样一位世界级的伟大科学家，却一直为他"一生中最大的错事"而愧疚。爱因斯坦究竟做错过什么事呢？

原来，1917年，也就是爱因斯坦创立广义相对论的第二年，为了解释宇宙的稳恒态性问题，爱因斯坦和荷兰物理学家德西特各自独立进行此项工作的研究。他们发现引力场方程的宇宙解是动态的而不是静态的，也就是说宇宙要么膨胀，要么收缩。由于物理直觉上的偏见和数学运算上的失误，爱因斯坦决不放弃静态宇宙的概念，为求得一个静态的宇宙模型解，不惜在方程

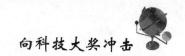

中引进一个"宇宙项"。这个结论在当时既符合宇宙学原理，又符合已知的观测事实。然而，1922年，美国学者弗里德曼求出了这个方程的另一个动态解，1927年比利时学者勒梅特也独立求得同一解。从数学角度证明，宇宙不是静态的，而是均匀地膨胀或收缩着。然而，爱因斯坦仍然不肯接受这个结果，坚持他的静态宇宙模型观。

两年后，美国天文学家哈勃根据远距星云的观测，发现远距恒星发出的光谱线有红移现象，离地球越远的恒星光谱线红移程度越大。这说明恒星在远离地球而去。哈勃的发现支持了弗里德曼等人的动态宇宙模型，也改变了爱因斯坦对宇宙的看法。爱因斯坦把坚持静态宇宙模型的失误称为他"一生中最大的错事"，并收回了对弗里德曼等人的批评。

一位举世闻名的伟大科学家能勇于承认自己的失误，说明了爱因斯坦有着实事求是，尊重科学的坦荡胸怀。这也正是爱因斯坦能取得伟大成就的原因。

化学领袖与化学奖

　　化学，跟人们的生活密不可分，当今世界有影响的化学奖也为数不少，美国亚当斯化学奖便是其中之一，它是美国化学协会奖中的一项，由美国有机合成股份有限公司、美国有机反应股份有限公司于 1959 年共同设立，并由这两个机构与美国化学协会有机化学部共同主办。

　　美国化学协会奖奖项众多，多达 43 种。这些名目繁多的奖项中，属于化学学科分支的有 30 种，其余分属教育、科普、管理等方面，亚当斯化学奖便是其中的一项化学分支奖。这些奖项都是用来鼓励化学领域的杰出成就。奖名多冠以美国化学协会奖，其余奖名一般冠以已故著名化学家的姓名，如亚当斯化学奖、普里斯特利奖章、A·伯奇药物化学奖、P·德拜物理化学奖等。

　　美国化学协会奖由协会直接主办，或由一些大公司、企业主办。每年在美国化学协会春季全国大会上颁奖。为了保证每一个达到获奖水平的优秀化学家不被遗漏，每个奖都设有一个推荐委员会，聘请有关专业领域的一些权威与专家进行提名，然后再由评选委员会进行评选，评选委员会由会长指定的 5~7 名委员组成，这些委员也都是一些化学界的专家学者。

亚当斯化学奖的来历

　　亚当斯化学奖以美国有机化学家罗杰·亚当斯的名字命名，表示对他的一种纪念。亚当斯 1889 年生于美国波士顿，1908 年毕业于哈佛大学，1912 年获博士学位后，去德国学习了一年，曾在柏林 E·费歇尔实验室从事博士后研究工作。这一年的国外学习为他以后一生的事业奠定了基础，使他成长为美国化学界最有代表性的人物之一。1913 年回国后，亚当斯先在哈佛大学任讲师，后又在伊利诺伊大学任讲师、系主任、研究教授。在他的努力下，伊利诺伊大学有机化学组发展成为美国 30 年代最有声誉的化学中心之一，也成为向美国有机化学工业输送大批人才的基地，为美国建立庞大的有机化学工业打下了坚实基础。亚当斯的一项主要研究课题是有机合成，他合成了许多药物，如丁卡因就是由他首次合成的。还有他合成的催化剂，后来成为实验室中最常用的一种催化剂，人们将其称为亚当斯催化剂。他对具有生理特效的天然产物也一直进行研究，并取得很多成果。此外他还对有机化学理论及美国有机化学工业都作出了很大贡献，他一生发表了 405 篇文章。

1921 年，亚当斯决定出版一套有机合成专著，每年一册，刊登由各处挑选的近 30 种化合物，这些化合物必须在实验室进行重复试验，予以核实后才可选登。这套专著就是现在众所周知的《有机合成》，这套书每年出版一册，后来又改名为《亚当斯年报》，这是一本很有用途的工具书，受到有机化学工作者的高度评价。1949 年他又开始组织编写另一本重要有机化学参考工具书，名字叫《有机反应》，每隔一两年出版一册。亚当斯倡议编纂的这两套书一直而且将不断出版下去，因为新的合成方法及反应总是在不断被发现。这两部书的编者及作者都不领取稿酬，出版者把所得利润交给一个专设的委员会经营投资，到 20 世纪 60 年代时已积累了 60 万美元。1957 年亚当斯退休时，这个机构设立了以亚当斯名字命名的奖金，也就是我们今天所说的亚当斯化学奖。

亚当斯化学奖每两年颁发一次，用于鼓励最广义有机化学领域研究中作出的最杰出的贡献。候选人国籍不限。这一奖励在美国有机化学协会每两年举行一次的全国有机化学专题研讨会上颁发，获奖人须在该研讨会上发表一篇演讲，同时领取一枚金质奖章、一件纯银制品及一笔数额为 1 万美元的奖金。获奖者赴会的差旅费由颁奖机构提供。

世界最有成就的一些有机化学家、诺贝尔奖获得者都曾获得过亚当斯化学奖。如1965年获诺贝尔化学奖的美国人伍德沃德、1969年获诺贝尔奖的英国人巴顿等。

化学界的领袖人物

罗杰·亚当斯曾经是美国化学界的领袖人物，他的一生培养了获得博士学位的化学家多达184位，其中包括荣获诺贝尔奖的斯坦利和最早发明尼龙的卡罗瑟斯等人。我国化学家中有7位曾受过他的指导，获得了博士学位。他的学生起草的论文稿，许多他都要逐字逐句修改以后才拿出去发表。他对学生说："大学本科的教学和研究都属于基础教育。将来在工作中，还要依靠自己不断地阅读新的文献，要跟上化学学科的新发展，不断地跟上去，才能成一个好的化学家"。

亚当斯的研究是多方面的。为了在常温、常压之下进行氢化作用，他发明了用氧化铂的方法，这是有机化学里比较简单而又容易实行的方法。现在，化学书上都称之为亚当斯催化剂。他也用了很大的精力以降解法研究菊科植物。他还合成了惹卓碱，一直到1953年才研究清楚这种生物碱的全部结构。

在药物化学方面，他合成了抗麻风病的药物。第一次世界大战期间，由于他的研究成果，使美国能生产大量的局部麻醉剂。

在早期的研究工作中，亚当斯就对立体化学感兴趣，后来又专门对联苯类、烯类和芳胺类的立体异构进行了大量的研究。在这方面的研究，大大丰富了理论有机化学。

第二次世界大战发生以后，亚当斯教授被公认为美国化学界的领袖。1941年罗斯福总统任命他为美国国防研究委员会的成员。他同时也是美国国家发明局的成员，外国经济管理局首席委员。1946年他被派到柏林，做美国占领区科学总顾问。

尽管有这么多本职外的工作，亚当斯还是把自己的研究工作放在很重要的地位。根据他的二次世界大战期间的学生的回忆，他每一个月至少要回实验室来一次。他的大多数学生都还记得，亚当斯教授有时晚上还来实验室，了解学生进行研究的情况。

现代有机合成之父

在众多的亚当斯化学奖获奖者中，有一位化学家如同一颗耀眼的明星，照耀在亚当斯化学奖的领奖台上，他就是美国科学家伍德沃德，人称"现代有机合成之父"。

伍德沃德1917年出生于美国波士顿，从小喜欢读书。16岁时，伍德沃德就以优异的成绩考入大学。在全班学生中，他是年龄最小的一个，素有"神童"之称，学校为了培养他，为他一人单独安排了许多课程。他聪颖过人，只用了3年时间就学完了大学的全部课程，并以出色的成绩获得了学士学位。伍德沃德获学士学位后，直接攻取博士学位，只用了1年的时间，学完了博士生的所有课程，通过论文答辩获博士学位。从学士到博士，普通人往往需要6年左右的时间，而伍德沃德只用了1年，这也许是最快的历史记录。

伍德沃德

伍德沃德是本世纪在有机合成化学实验与理论上，取得划时代成果的有机化学家，他以极其精巧的技术，合成了皮质酮、马钱子碱、利血平、叶绿素等多种复杂有机化合物。据不完全统计，他合成的各种极难合成的复杂有机化合物达24种以上，所以他被称为"现代有机合成之父"。

1965年，伍德沃德因在有机合成方面

的杰出贡献而荣获诺贝尔化学奖。获奖后，他并没有因为功成名就而停止工作，而是向着更艰巨复杂的化学合成方向前进。他组织了 14 个国家的 110 位化学家，协同攻关，探索维生素 B_{12} 的人工合成问题。伍德沃德合成维生素 B_{12} 时，共做了近千个复杂的有机合成实验，历时 11 年，终于在他去世前几年成功了，完成了复杂的维生素 B_{12} 的合成工作。1981 年，参与合作的科学家中，有两位同获诺贝尔化学奖。因为当时伍德沃德已去世 2 年，而诺贝尔奖又不授给已去世的科学家，所以学术界认为，如果伍德沃德还健在的话，他必是获奖人之一，那样，他将成为少数两次获得诺贝尔奖的科学家之一。

第三世界科学院基础科学奖

在科学的道路上，不管是发达国家的科学家，还是相对较落后的国家的科学家，他们的研究工作都极大推动了人类科技的进步。为了奖励在基础科学方面取得杰出成就的发展中国家的科学家，人们在 1985 年设立了第三世界科学院基础科学奖，此奖主要设有物理、化学、数学、生物学和基础医学等 5 项奖，每年颁发一次。此外，还设有发展中国家青年科学家奖，此奖也是每年授奖一次，评定与颁奖工作由第三世界科学院负责。

第三世界科学院

第三世界科学院是在巴基斯坦著名科学家、诺贝尔物理奖获得者萨拉姆教授的倡议下，由第三世界科学家于 1983 年设立的。它的总部（秘书处）设在意大利的里雅斯特市国际理论物理中心。

第三世界科学院是一个非政治、非政府、非营利性质的科学组织，它的启动基金来源于加拿大国际发展组织资助的 5 万加拿大元和意大利政府资助的 50 万美元，提供经费的机构还包括科威特科学进步基金会、石油输出国组织国际开发基金会和意大利国家研究委员会等。

第三世界科学院致力于支持发展中国家开展科研活动，促进发展中国家科研人员和科研机构间的交流与合作；鼓励对第三世界存在的问题进行研究；推动第三世界基础科学和应用科学的发展。它的宗旨是：促进第三世界各国科学研究的发展，在科学研究的发展方向和重大科学项目方面进行国际合作与交流，使所有发展中国家科学家取得的重大研究成果得到应有的重视和承

第三世界科学院"2003 年基础科学奖"在北京颁发

认。设立第三世界科学院奖就是实现它的宗旨和目标的一项重大措施。其他措施还包括通过拨款等方式，支持第三世界研究项目和科学基础设施；为第三世界图书馆提供书籍和期刊；支持第三世界国家组织召开的国际科学会议；举办讲座等科学论坛等等。

第三世界科学院的成员由创始院士、准创始院士、院士、准院士、通讯院士、准通讯院士组成。其院士从第三世界国家和地区的著名科学家中选举产生，现有院士 626 名（截至 2003 年 10 月），来自 77 个国家和地区，其中 10 人是第三世界出生的诺贝尔奖获得者。我国有卢嘉锡、吴阶平、周光召等 89 位科学家当选为第三世界科学院院士。中国在 1983 年第三世界科学院一设立时，就加入了这一组织。

第三世界科学院院士大会通常每两年召开一次，1987 年 9 月第三世界科学院在北京召开了第二次会议，世界 50 多个发达国家和发展中国家科学界的重要人士 400 多人参加了大会。在这次会上，对在科学研究方面取得突出成就的四位科学家颁发了第三世界科学奖。

中国人的荣耀

我国科学院院士、第三世界科学院院士陈创天，在 1987 年获得过第三世界科学院科学奖中的化学奖。

陈创天被认为是非线性光学晶体研究领域的国际权威，2002 年，他所领导的研究组和合作者，在国际上首次实现了 Nd：YVO4 激光的 6 倍频谐波光和 Ti：Sapphire 激光的 4 倍频和 5 倍频谐波光输出。此项研究成果先后获得 1987 年第三世界科学院化学奖，1990 年美国激光工业技术成就奖，1999 年度世界知识产权中国专利金奖。

1937 年 2 月 18 日，陈创天出生在浙江省奉化的一个知识分子家庭。和所有水乡农家的孩子一样，陈创天的童年是"泡"在水里的，到小河里钓鱼是他们玩耍的"保留节目"。1956 年，他以优异的成绩考取了北大物理系，经过 6 年的学习，1962 年，他师从卢嘉锡，进入中国科学院福建物质结构研究所工作。

在中科院物质结构研究所，陈创天开始了常人难以理解的枯燥无味的生活。就是在这样的环境里，陈创天每天工作到深夜 12 点，一直到他 60 岁那年。在 20 世纪 60 年代末，陈创天用来计算的只有手摇计算机，夜深人静时，为了降低那台手摇计算机发出的声音，他给手摇计算机垫上棉垫，并把门窗关紧，以便不影响他人休息。夜以继日孜孜不倦的探索，陈创天和他的研究组及合作者一起，相继发现了一系列举世瞩目的非线性光学晶体。

陈创天

为了扩大这些非线性光学晶体的应用和在国外的知名度，陈创天多次到外国著名实验室开展合作研究。由于 BBO、LBO 晶体的优异非线性光学性能，这两种晶体已在激光高技术产业中得到广泛应用，是目前具有工业应用价值的四个非线性光学晶体中的两个，并分别获得 1987 年度和 1989 年度美国十大最佳激光产品称号。2002 年，在东京，他同东京大学的科研人员合作，通过连续几个不眠之夜，终于使用 KBBF 晶体的棱镜耦合技术，在国际上首次实现了 Nd：YV04 激光的 6 倍频谐波光和 Ti：Sapphire 激光的 4 倍频和 5 倍频谐波光输出，引起了国际同行的很大反响。

付出是艰辛的，结果也是令人欣慰的。陈创天的科研成就受到了世界的瞩目。在国际激光领域的几次大型会议上，他都应邀作了报告。这是中国人的荣耀，是中国科学家的荣耀！

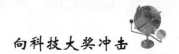

为女科学家设立的最高奖

欧莱雅—联合国教科文组织世界杰出女科学家成就奖，这一当今世界上唯一一个在全球范围内奖励女性科学家的项目，素有"女性诺贝尔科学奖"之称。此奖是"为投身于科学的女性"计划的产物，此计划诞生于1999年9月29日，那一天，世界最大的化妆品集团欧莱雅公司与联合国教科文组织签署协议，共同设立"欧莱雅—联合国教科文组织世界杰出女科学家成就奖"和"联合国教科文组织—欧莱雅世界青年女科学家奖学金"，每年评选一次。其中欧莱雅—联合国教科文组织世界杰出女科学家成就奖每年授予5位全世界范围内已经卓有成就的科学女性。2003年，欧莱雅公司决定把这一奖项的颁奖范围由原来的生命科学领域扩大至物理、化学等科学领域，获奖者的奖金也由原有的2万美元增加为10万美元。

联合国教科文组织—欧莱雅世界青年女科学家奖学金则用于鼓励年轻的女科学家继续从事科学研究，并帮助加强女性在科研领域中的作用。2003年获得这一奖励的年轻女性将由10位增加到15位，奖金由10000美元增加到20000美元。

"为投身于科学的女性"计划已经成为世界公认的一项科学计划，其权威性已得到科学界的广泛认可，欧莱雅—联合国教科文组织世界杰出女科学家成就奖也因此成为女性科学界的最高奖项。

她写下中国科学家的名字

2003年2月27日这一天，李方华这位71岁的中国女科学家在巴黎获得了2003年"欧莱雅—联合国教科文组织世界杰出女科学家成就奖"，自此，这项被誉为"女性诺贝尔科学奖"的奖项上第一次写上了中国人的名字。

李方华教授是国际知名的电子显微学家，1932年生于香港。她1950年考入武汉大学物理系，1952年被保送到前苏联列宁格勒大学物理系学习，1956年毕业进入中国科学院物理研究所工作至今。她是我国单晶体电，子衍射结

李方华在领奖

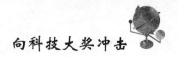

构分析的开创者。目前，她负责着多项国家、中科院和国家自然科学基金委的研究项目。

中学时的李方华非常喜欢上数学课，进入大学后，因为"物理学可以解释石头掉到水里为什么有波纹，天上为什么有彩虹这样的自然现象"，所以放弃了喜爱的数学，选择了物理专业。从学校毕业后，李方华便一直在中科院物理研究所从事基础物理学的研究工作，一干就是一辈子。一辈子坚持做一件事情，这对常人来说，是一件非常困难而又枯燥的事情，许多人对此不理解。李方华总是十分平静地回答说："对有些人来说，从事基础物理研究的确比较艰苦，需要耐得住寂寞，但我认为它其实对女性很适合。我上学的时候不知道物理学艰难，搞科研的时候又不在科什么困难，不考虑提职拿奖的杂事，一心一意做就是了。"

就是靠着这股"一心一意"的劲头，李方华创造性地发展了高分辨电子显微学和电子晶体学的理论及分析方法，她是建立并发展我国高分辨电子显微学的代表人物之一，也是我国开展电子衍射测定物质单晶体结构的第一人，并在国内首次测定出了晶体中氢原子的位置，至今仍被国外同行引用。她与他人合作，开创性地把衍射方法与高分辨电子显微学相结合进行研究，创建了高分辨电子显微学中新的图像处理理论和技术。她建立了基于最大熵原理的解卷处理技术，为测定微小晶体结构提供了重要途径，这一成果被成功地应用于测定高温超导体等材料的晶体结构。

也许李方华所从事的科研工作，对于普通人来说，觉得很神秘也很难理解，听听李教授的通俗解释吧，她生动地给大家解释说："大家都知道细菌是光学显微镜发现的，而电子显微镜比光学显微镜放大的倍数更高。我的工作就和电子显微镜有关——观察半导体超导材料，看里面的原子在哪里。目前，用显微镜直接看原子很难，需要非常昂贵的价值上百万美金的电子显微镜才可以。我的很大一部分工作就是用中档的电子显微镜，通过一些物理方法，把那些眼睛看不见的但包括在其中的信息提取出来，通过它看到原子。这些办法就涉及晶体学的问题，衍射的问题，同时还要建立理论来支持你的方法，

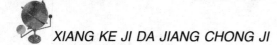

这就要有数学的推导、理论的推导，需要多方面的工作配合才能完成。"

2003 年 2 月 27 日，站在巴黎的领奖台上，李方华说出了自己的心声："我希望越来越多的女科学家可以像男性一样登上科学的顶峰。现在许多年轻的中国人在美国、欧洲或其他国家学习和工作。我希望他们都尽快回到中国，为自己的国家出力！"

当有人向李教授请教如何提高学习效率时，李教授说："可以把零碎的时间用起来，我很少用一大段时间坐在那里想问题，走路的时候，做饭的时候，脑子总在转，你就能高效利用时间。如果你愿意投身科学，就会乐在其中，不觉得累。"

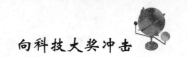

年代久远的阿克顿奖

阿克顿奖是英国皇家学会颁发的一项奖励，1838 年，汉纳·阿克顿夫人为纪念她的丈夫塞缪尔·阿克顿，特地设立了此奖。汉纳·阿克顿夫人捐出 1070 英镑，成立了基金，基金会规定：每 7 年颁发一次阿克顿奖，奖金金额为 107 英镑，用以奖励某些指定学科的优秀科学论文，学科的指定及论文的评定由英国皇家学会管理者委员会负责。

从奖金额度看，阿克顿奖少得可怜，但这项科学奖的历史非常久远，它在世界上仍享有一定的学术声誉。阿克顿奖的获得者许多都是世界著名的科学家和诺贝尔奖的获得者，如 1949 年的获奖者亚历山大·弗莱明，就发明了在世界医学史上具有划时代意义的抗菌素——青霉素：再如 1956 年因发表"射电天文学的研究"而获阿克顿奖的马丁·赖尔，是英国一位射电天文学家，他是最早观测非连续性射电特别是太阳活动区的科学家之一，也因在射电天文学方面的卓越成就，于 1974 年获得了诺贝尔奖。

偶然的发现

弗莱明是英国细菌学家，他发现了青霉素，挽救了地球上数以百万计人的生命，到现在，青霉素还在为救治病人发挥着作用。因为发现了青霉素，弗莱明与英国病理学家弗洛里、德国生物化学家钱恩共获 1945 年诺贝尔生理学奖或医学奖。

弗莱明于 1881 年诞生在一个农民的家庭。他的童年是在农村度过的，从 1906 年起，他开始做细菌学研究工作。说起来，弗莱明发现青霉素，有点偶然。

20世纪40年代以前，人类一直未能掌握一种能高效治疗细菌性感染且副作用小的药物。当时如果有人患了肺结核，那么就意味着此人不久就会离开人世。为了改变这种局面，众多科研人员开始了长期的探索，弗莱明便是其中参与探索的一位。1928年，弗莱明在英国圣玛丽学院担任细菌学讲师。当时，他正在研究对付葡萄球菌的办法。人们受伤后伤口化脓，原因之一便是葡萄球菌在捣蛋。

弗莱明在一个个小碟子里倒入用琼脂做成的营养丰富的培养剂，培养出葡萄球菌。然后，再试验用各种药剂消灭葡萄球菌。弗莱明已经花费了几年的时间研究消灭葡萄球菌的方法，但一无所获。

1928年秋天，有一次，弗莱明发现，有一个碟子上的培养剂发霉了，长出了一团青绿色的霉花。弗莱明没有急于把这发霉的培养液倒掉，而是拿去用显微镜仔细观察，结果发现了一桩出乎意外的事：在霉斑附近，葡萄球菌死了！

弗莱明想，这些葡萄球菌会不会是霉菌杀死的呢？于是，这位细心的科学家特地大量培养霉菌，把培养液过滤，滴到葡萄球菌中去。结果，葡萄球菌在几小时内全部死亡！弗莱明把滤液冲稀八百倍，再滴到葡萄球菌中，发现它依然能杀死葡萄球菌。

弗莱明

弗莱明进一步深入研究，查明原来是霉菌能分泌出一种杀菌的物质。1929年6月，弗莱明把自己的发现写成论文，发表在英国的《实验病理学》杂志上。他指出："事实表明——有一种盘尼西林霉菌分泌了有非常强大杀菌能力的物质。它不仅能杀死葡萄球菌，而且还能杀死链状球菌等许多病菌。"

不久，弗莱明试验把在霉菌培养液

中浸泡过的绷带包扎在病人化脓的伤口上，结果伤口迅速地愈合了。

本来，弗莱明的发现可以马上应用到医学上去。可是，霉菌培养液中所含的这种杀菌物质太少了，很难提取。如果直接把培养液注射到人体中，一次要注射几千毫升，这怎么行呢？于是，人们在这一科学难关前停滞下来了。

1935 年，钱恩和弗洛里参加了战斗。他们把青霉素分离、纯化。为了寻找最合适的青霉菌，美国曾动员许多人四处寻找，最后选中了一位姑娘从烂甜瓜上采集到的青霉菌。

青霉素是一种高效、低毒、临床应用广泛的重要抗生素。它的研制成功大大增强了人类抵抗细菌性感染的能力，带动了抗生素家族的诞生。自从发现和提取出了青霉素之后，人类增添了战胜疾病的有力武器。据统计，那时候每年有将近 2000 万人患肺炎。给这些肺炎病人注射了青霉素之后，他们很快就康复了。另外，用青霉素还能治好传染性脑膜炎、白喉、猩红热等疾病。

有人把弗莱明发现青霉素，归结为偶然。的确，这一发现有它的偶然性，但这是与弗莱明历来的认真、细致的工作态度分不开的。正如去国著名微生物学家巴斯德所说："在观察的领域中，机遇只偏爱那种有准备的头脑。"所以，弗莱明发现青霉素，其实并不偶然。

何梁何利奖

创办于 1994 年的"何梁何利奖"，是由何梁何利基金设立的奖项，这项基金是由何善衡基金有限公司、梁銶琚、何添、利国伟的伟伦有限公司共同捐资，基金与奖项因此得名。

何梁何利奖的宗旨是通过奖励取得杰出成就的我国科技工作者，倡导尊重知识、尊重人才、崇尚科学的良好社会风尚，激励科技工作者不断攀登科学技术高峰，加速国家现代化建设。基金设"科学与技术成就奖"，奖励长期致力于推进国家科技进步，贡献卓著，并取得国际高水平科技成就者；设"科学与技术进步奖"，奖励在自然科学的某一领域取得重大发明、发现和科技成果者。基金每年颁奖一次，对获得科学与技术成就奖者，颁发奖金 100 万港元，获得科学与技术进步奖者，奖金 20 万港元。

在首届颁奖大会上，科学家王淦昌、钱学森、王大珩和黄汲清一起荣登榜首。

不断进取的学生

王淦昌是我国杰出的高能物理学家，他不仅在粒子物理学方面作出了重大的发现和贡献，是我国实验原子核物理、宇宙线及基本粒子物理研究的奠基人之一，而且也为独立自主地发展我国的核武器立下了不朽的功勋。

1907 年，王淦昌生于江苏常熟的一个小镇上，他自幼好学，读小学时，算术课是他最喜爱的课目，特别是对解趣味数字题非常有兴趣，在这方面表现出极高的聪明才智，深受老师的赞赏。中学时，在数学教师周培的指导下，王淦昌积极参加数学自学小组，在中学就学完了大学一年级的微积分课程。

1924年王淦昌高中毕业，他没有忙着考大学，而是先进外语专修班，打好外语基础，再找机会进了一年技术学校，学习汽车驾驶和维修，然后报考清华大学，这时清华大学还叫清华学校，原为留美预备学校，就在这一年开始设立大学部，王淦昌成了清华大学物理系第一届本科生。王淦昌一进清华，就迷上了化学和化学实验，他往往长时间待在化学实验室里，关于元素和化合物的

王淦昌

各种性质，凡是有条件的他都认真去做，这些训练对他后来从事科学研究非常有帮助。

物理系主任叶企孙是著名实验物理学家，他亲自给学生上普通物理。在一堂课中，叶企孙提出一个关于伯努利方程的问题，王淦昌在短时间内就给出简练而准确的回答。叶企孙很欣赏王淦昌这种理解和分析问题的能力，课后找他谈话，了解他的情况，并对王淦昌说，有问题随时可以去找他。叶企孙的特殊关怀更加激发王淦昌的信心，他决心要叩开实验物理学的大门，因此他成了物理实验室的常客。

王淦昌大学四年级时，正值清华大学请吴有训主持近代物理学课程，吴有训在讲课中，特别注意介绍和剖析近代物理学的许多重要实验。他非常强调训练学生从事实验物理学研究的本领，要求大家掌握实验技术，努力提高实验的精确性，把对物理学的理解建立在牢固的实验基础上。吴有训很快就注意到王淦昌对实验的特殊爱好和动手能力。1929年6月，王淦昌毕业后，吴有训把他留下来当助教，并要求他在工作中专注近代物理学的实验研究。吴有训给王淦昌出了一个很有实际意义的研究课题：清华园周围氧气的强度及其变化。

王淦昌做这个课题非常认真，从 1929 年 11 月到 1930 年 4 月，实验连续进行了 6 个月，基本上都是在室外作业。不管天寒地冻，从不间断。

失去一次好机会

1930 年，王淦昌考取江苏省官费留学，到德国柏林大学当研究生，师从著名物理学家迈特纳学放射性物理学。王淦昌终日沉浸在实验室里，往往一工作就到深夜。在这期间，王淦昌听到玻恩等知名物理学家的讲演，从中吸取了许多新思想和新方法，了解到物理学前沿的许多最新发现。

1930 年的一天，王淦昌在柏林大学，听到了有关用放射性钋所放出的 α 粒子轰击铍核得到很强的中性辐射的报告，当时实验者解释为 γ 辐射。这个报告给王淦昌留下了深刻的印象，在他的脑子里引起了疑问。他想，γ 辐射果真有那么强的穿透力吗？如果改用云室做探测器，有可能弄清这种辐射物的本性。他在报告会后两次找迈特纳，建议用云室研究这个问题。可惜都被迈特纳拒绝了。两年后，当英国的查德威克证明这种中性辐射物正是卢瑟福预言的中子，并且公布了云室的证据时，迈特纳只好对王淦昌说："他们运气好。"如果王淦昌当年有更好的条件，导师能积极地支持他的见解，如果他自己坚持，百折不挠地通过其他途径去争取实验条件，也许会改写中子的发现史呢！

隐姓埋名攻难关

王淦昌 1960 年回国，1961 年参加原子弹研制工作（596 工程）。为了保密起见，从此王淦昌隐姓埋名（化名为王京），消失在科学前沿上。

1963 年，王淦昌到青海高原准备第一颗原子弹试验，他不仅参与了我国原子弹、氢弹原理突破及第一代核武器研制的实验研究和组织领导，而且在爆轰试验、固体炸药工艺研究和新型炸药研制以及射线测试和脉冲中子测试方面，指导解决了一系列的关键技术问题。在开展地下核试验的过程中，他花费了巨大精力，研究和改进测试方法，使我国仅用很少次数试验就基本上掌握了地下核试验的关键技术。他一直十分重视核武器研制中的基础研究工作，早在1962年，他就领导开展了新兴的脉冲X射线技术的研究，用于测量瞬时压缩度问题，在他的指导下建成了大型强流脉冲电子加速器。

1964年，我国第一颗原子弹爆炸成功，接着1967年第一颗氢弹爆炸成功，1969年地下核试验成功，这些都是王淦昌等科学家辛勤努力的结果。

中国地质行业的最高奖

李四光地质科学奖是中国地质行业最高层次的荣誉奖，设立于 1989 年 1 月，这一科学奖励以世界著名科学家、地质学家李四光的名字命名，以纪念他创立地质力学，从理论上推翻"中国贫油"的谬论，对我国科学和地质事业所作出的巨大贡献，从而激励中国的地质工作者献身于祖国的建设事业。李四光地质科学奖一共分有四个单项奖：李四光野外地质工作者奖、李四光地质科学研究者奖、李四光地质教师奖和李四光特别奖。

李四光野外地质工作者奖用来奖励在野外地质工作中取得杰出成就的人员，包括长期从事野外地质勘查工作，在工作中有重大新发现、重要新认识，或出色完成某项地质找矿任务，并有重大经济社会效益者；通过野外地质工作对国家及地区经济建设提出建议，经实践证明具有重大社会或经济效益者；创造性地组织和领导野外地质工作，并卓有成效者。

李四光地质科学研究者奖用来奖励在地质科学研究领域作出重要贡献的人员，包括在地质学某学科领域中，有重要的新创见或发现，或经总结后丰富、发展和提高了某项地质学科领域理论者；在地质实验工作中，有新的发明创造、改革仪器设备并取得显著经济或社会效益，或提出某种新技术、方法和理论者；通过科研工作，对地质工作及资源勘查、开发利用提出重要建议，并取得显著社会和经济效益者；创造性开展科研组织管理工作，并作出重要贡献者。

李四光地质教师奖用来奖励长期从事地质教育工作，在为人师表、教书育人方面表现突出，并在教学和科研工作中取得优异成绩者。

李四光特别奖专门用来奖励对地质工作有特殊贡献的地质工作者，由李四光地质科学奖委员会根据实际情况颁发。

李四光地质科学奖的获奖候选人先由基层推荐，报各自所属主管部门初评后在颁奖前 6 个月，也就是 4 月 26 日之前向委员会提供申报推荐材料，由委员会下设的野外地质、地质科研、地质教师三个评奖小组进行分组评审，提出候选人名单，报委员会评选，确定获奖者。

李四光

李四光地质科学奖每两年评定一次，一人只能被授予一次，并作为终身荣誉奖。每次奖励人数控制在 15 人左右，其中野外工作者获奖人数不得少于 50%。李四光地质科学奖由李四光地质科学奖委员会负责颁奖，奖品包括证书、奖章和奖金，奖金额度由委员会确定。每次颁奖日期定在李四光诞辰日，也就是 10 月 26 日。1989 年，在李四光诞辰 100 周年纪念日时，举行了首次颁奖典礼。

名字的来历

李四光原名叫李仲揆，1889 年出生在湖北省黄冈县一个贫寒人家。14 岁那一年，小仲揆告别了父母，独自一人来到武昌报考高等小学堂。在填写报名单时，他误将姓名栏当成年龄栏，写下了"十四"两个字，这可怎么办？聪明的小仲揆随即灵机一动，将"十"改成"李"，可"李四"这个名字实在不好听，正在为难的时候，李四光抬头看见堂中上方挂着一块大匾，上写"光被四表"，他灵机一动，在"李四"后面又加上了一个"光"字。从此，李仲揆有了一个响亮的名字，就叫"李四光"。

李四光童年的时候，家庭生活是非常艰辛的。一家数口仅靠父亲办私塾收缴学生的一点学费来勉强维持，如果遇上灾荒年，私塾的学生少了，就有断粮断炊的危险，不得已时就只好从当地的地主家里租借。正是在这种环境的影响下，李四光从小就养成了勤劳的习惯，他常常帮妈妈打柴、舂米、推磨、扫地、提水、放羊、割草等，几乎样样事情都能干，这让他更加珍惜来之不易的学习机会。李四光学习的时候，非常用功。每天从早到晚，朗读、背诵、练字、作文忙个不停。他不贪玩，老师不在的时候，依然能独自学习，而不像别的孩子一样闹翻了天。

李四光从小就喜欢动脑筋，问问题。有一次，他和小朋友一起捉迷藏，看到村头的一块特别大的石头，他就曾产生过这样的疑问：这石头是怎么来的呢？为什么周围没有这种石头呢？也许是个偶然的巧合，他后来果真成为著名的地质学家，还曾科学地回答过他孩童时的疑问呢。

不准你叫 Mr. 李

在长期的国外留学生活中，李四光亲身感受到旧中国人受尽歧视的耻辱，从而产生了强烈的民族自尊心。他曾说："我们不能不承认人家的文化程度比我们高，艺术比我们精。人家的地方已经开辟到十分田地，我们的一块沃土，还在那里荒着。请他们来做，再拱手奉还给我们，世界上恐怕没有那么一回事。所以，我们一线的生机，还是在我们的民族，大家打起精神，举起锄头向前挖去。"所以，李四光上课的时候，除了科学上的一些专有名词以外，他始终坚持用中文讲解。有一次，上课的时候，一个学生叫他"Mr. 李"，叫了几声，他就问那个学生叫谁？那个学生回答说："叫你呀。"李四光说："你可以称我老李、小李或阿猫阿狗什么的，但是我不准你叫我'Mr. 李'。"

有一次，李四光带了七八个学生到宜昌进行野外考察，在街上看见一个美国人坐人力车不给车钱，还要拿起手杖打拉车人。李四光看到后，气愤极了，就跑到美国人面前一定要他付车钱，并且不准打人。那个美国人开始愣了一下，后来一看是一个穿破西服的中国人，竟蛮不讲理地冷笑一下，准备

李四光与周恩来总理在一起

一走了之。李四光和七八个学生操起地质锤把他拦住了。那个美国人一看事情不妙，只得乖乖地给了车钱，灰溜溜地走了。路上的行人都为此感到扬眉吐气。

找到石油啦

石油是现代重要的能源，在 20 世纪 50 年代以前，国际地质学界就给中国送了一顶"贫油"的帽子。1915—1917 年，美孚石油公司的马栋臣、王国栋曾率领一个钻井队，在陕西北部一带，打了 7 口探井，花了不少钱，收获不大，留下了"中国没石油"的结论，就走掉了。1922 年，美国斯坦福大学著名的教授布莱克·威尔德来中国调查地质，回国后写文章说，中国是贫油国家，在中国东南部找到石油的可能性不大，西南部找到石油的可能性更是遥远，西北部不会成为一个重要的油田，东北部分不会有大量石油。从此，"中国贫油论"就流传开来。

而对"中国贫油论"，李四光根据自己对中国地质的深入钻研，却并不赞同，他认为"中国贫油论"是没有事实根据的。在 1928 年的时候，李四光就

曾写文章指出：美孚的失败，并不能证明中国没有油田可开。中国西北方出油的希望虽然不大，然而还有许多地方并非没有希望。

李四光从构造地质角度出发，认为油区是生油和储油条件比较优越的地区，而油田是储油条件特别好的地区。找油要先找油区再找油田。他认为，我国石油勘探远景最大的区域有以下三个：一是青、康、滇、缅大地槽；二是阿拉善—陕北盆地；三是东北－华北的平原地区。他说首先应该把柴达木盆地、黑河地区、四川盆地、伊陕台地、阿宁台地、华北平原、东北平原等地区，作为寻找石油的对象。

李四光的报告极大地鼓舞了石油战线的广大工作者。1954年初，地质部成立了全国石油、天然气普查委员会。1955年1月20日，地质部召开第一次全国石油普查工作会议，决定组成新疆、柴达木、鄂尔多斯、四川、华北5个石油普查大队。经过艰苦工作，终于发现了很多可能储油的构造。

1956年1月下旬，地质部召开第二次全国石油普查工作会议，决定1956年将派93个地质队，430多名地质人员奔赴12个地区进行普查和细测。这样经过3年的石油普查工作，在新疆、青海、四川、江苏、贵州、广西及华北、

周恩来与大庆油田"铁人"王进喜交谈

东北等有希望的含油远景区，找到了几百个可能的储油构造，并在柴达木等构造上，探到了具有工业价值的油流。

1958 年 3 月，四川的南充等地，相继出油，开辟了我国西南石油工业基地。1958 年 2 月，石油工业部和地质部共同发出"三年攻下松辽"的战斗号召。地质部从四川、青海、陕甘宁调集队伍，加强松辽找油工作，终于在吉林省扶余县的一个钻井中，首次遇见厚达 70 厘米和 50 厘米的油砂岩层。同年秋天，发现了大同镇"长垣"构造，出油后改名为大庆长垣，这就是大庆油田。大庆油田的发现，是我国东部找油的一个重要突破。之后，又在华北、中原、汉江、广东等地相继发现一大批油田。"中国贫油论"的帽子终于被摘掉了。

二、获奖趣闻

第一个荣获诺贝尔化学奖的人

1901 年，诺贝尔奖举办了自设奖以来的第一届颁奖大典，谁是第一届的"科学宠儿"呢？范特霍甫（1852～1911）就是其中之一，他"因为有关溶液渗透压强和化学动力学研究成果"，获得首届的诺贝尔化学奖，成为第一位获得诺贝尔化学奖的科学家。

闯了大祸

范特霍甫是荷兰物理化学家，1852 年 8 月 30 日，他出生在荷兰鹿特丹。这位名医的儿子，从小就对化学实验感兴趣。有一天，读中学的范特霍甫从学校化学实验室外的窗子前走过，他忍不住往里面看了一眼，那排列得整整齐齐的实验器皿、一瓶瓶化学试剂多么诱人啊！

他的双脚不由自主地停了下来，要知道，他多么希望亲自动手，让那些瓶瓶罐罐里的药剂产生神奇的反应。"要能进去做个实验多好啊！"他正这么想着，突然，发现一扇窗子开着，哈哈，机会来了，小范特霍甫毫不犹豫地纵身跳上了窗台，钻到实验室里去了。他熟练地学着老师的样子，支起铁架台，把玻璃器皿架在上面，便开始寻找试剂。他全神贯注地看着那些药品所引起的反应，一切都在顺利地进行着……

范特霍甫

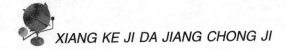

哪知实验室内的响动，引起了学校老师的注意，谁在实验室里呢？老师从窗口望去，天啊，"胆大包天"的范特霍甫正在那儿专心致志地做实验呢。这太危险了！要知道，学校是严禁学生偷做实验的。老师没有惊动范特霍甫，怕他在惊慌中出危险，便绕到门口，把门打开。听到开门声，范特霍甫才从"化学实验梦"中惊醒，他目瞪口呆地站在那里。

"是谁允许你来做实验的？你好大的胆子！"老师又气又急，把范特霍甫叫到面前，语重心长地说："你知道今天犯了什么错误吗？这件事是要报告校长的，你一定会受处分的。再说出了危险，你的父母也要责备学校。赶快回家，把你的父亲找来，我要对他说这件事。"

父亲来到后，这位鹿特丹的名医了解了事情的经过，对自己儿子不规矩的举动深为尴尬和愤慨，要知道，在当时，人们普遍存在着轻视化学的偏见。但这位博士父亲转念一想，儿子肯钻好学，是好事一件，不该过分去责备。于是，把儿子狠狠地教训了一通后，这位开明的父亲把自己原来的一间医疗室让给了儿子，让他专心做他喜爱的实验。就这样，范特霍甫因"祸"得福，有了自己的小实验室，再也不用偷偷摸摸地跑到学校实验室去了。他把父母给的零用钱和从其他亲友那里得到的"赞助金"，全部积累起来，用来购买各种实验器具和药品。正是少年时代的爱好与经历，决定了范特霍甫以后成长为一位著名化学家。

我要教训他

有一天，在大学里当教授的范特霍甫坐在大学的图书馆里，认真地阅读着一位专家研究乳酸的一篇论文，他随手在纸上画出了乳酸的化学式，当他把视线集中到分子中心的一个碳原子上时，他立即联想到，如果将这个碳原子上的不同取代基都换成氢原子的话，那么这个乳酸分子就变成了一个甲烷分子。由此他想象，甲烷分子中的氢原子和碳原子若排列在同一个平面上，情况会怎样呢？

这个偶然产生的想法，使范特霍甫激动地奔出了图书馆。他在大街上边走边想，具有广博的数学、物理学等知识的范特霍甫突然想起，答案应当是正四面体！当然应该是正四面体！范特霍甫于是提出了碳的四面体结构学说。但这个新学说与过去的认为有机分子中的原子都处在一个平面内的理论是相矛盾的，因此，这一新的理论遭到了一些权威人士的反对，当时德国有机化学家哈曼·柯尔比就是其中一个。

这位老科学家可生气啦，他不远千里从德国来到荷兰，想当面教训一下这个不知天高地厚的年轻人。哪知两人见面经过一番谈心后，柯尔比的火气完全消失了，范特霍甫的新理论完全说服了他，柯尔比这下子不但不责骂范特霍甫，还邀请他去普鲁士科学院工作。

科学的力量是无穷的！1901年，瑞典皇家科学院收到的20份诺贝尔化学奖候选人提案中，有11份提名范特霍甫。1901年12月10日，对于范特霍甫来说是一个值得纪念的日子，对于科学界也是一个纪念的日子，这一天，首次颁发诺贝尔奖，范特霍甫众望所归，成为第一位诺贝尔化学奖的获得者，使范特霍甫当之无愧地成为了一位伟大的化学家。

送奶工原来是获奖者

非常有趣的是，范特霍甫创立的碳的四面体结构学说并不是此次获奖原因，而是他的另外两篇著名论文《化学动力学研究》和《气体体系或稀溶液中的化学平衡》，正是这两篇论文才使他获得首届诺贝尔化学奖。

更有意思的是，就在范特霍甫获奖的前几天，他还在坚持驾着马车，为自己所生活的德国柏林郊区一带的居民送鲜牛奶呢。多少年来，为了生活，他除了从事化学研究外，还一直经营着一家牧场。在这里，他亲自为这一带的居民送鲜牛奶，无论春夏秋冬，无论刮风下雪，都准时不误。这里的人们早已熟悉了这位送奶人，他再平凡不过了，因为和其他牧场经营者一样，他养了许多牛，并把牛奶卖给当地的居民喝。而当一天早晨，居

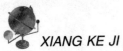

民们打开报纸，看到"范特霍甫荣获首届诺贝尔化学奖"的消息后，这才知道这个每天早上驾车为大家送奶的人，竟是著名的化学家，而且还获得了首届诺贝尔奖！大家非常兴奋，也非常惊讶，相互转告，并亲切地称他为"牧场化学家"。

两获诺贝尔奖的科学大师

一个人一生能获一次诺贝尔奖，已是一件非常艰难也非常自豪的事情，可偏偏有几位科学大师，凭着他们一生对科学的贡献，居然两次荣获诺贝尔奖。譬如波兰裔法国女物理学家、化学家居里夫人，她因发现放射性物质和发现并提炼出镭与钋，先后荣获 1903 年诺贝尔物理学奖和 1911 年的化学奖。美国物理学家巴丁因发明世界上第一支晶体管和提出超导微观理论，分别获得 1956 和 1972 年诺贝尔物理学奖。英国生物化学家桑格由于发现胰岛素分子结构和确定核酸的碱基排列顺序及结构，分别在 1958 年和 1980 年，两次获得诺贝尔化学奖。美国的科学家鲍林也是其中的一位。

鲍林是怎样的一位传奇人物呢？他究竟有什么神奇的本领，助他两次走上诺贝尔奖的领奖台？

11 岁的理想

鲍林是著名的量子化学家，他在化学的多个领域都有过重大贡献。1954 年，在他 53 岁那一年，鲍林获得了诺贝尔化学奖。随后，事隔 8 年后，在 1962 年，鲍林又荣获了诺贝尔奖，这一次，他凭借自身崇高的国际声誉，因反对原子武器而摘取的是"和平奖"。此外，他还曾因为创立维生素 C 疗法，获得过诺贝尔奖的提名。

鲍林

鲍林出生在美国，他小时候非常聪明好学，11 岁的时候，他认识了生命中第一位伟大的导师——心理学教授捷夫列斯，捷夫列斯有一间私人实验室，在这里，和蔼可亲的实验室主人非常乐意给小鲍林展示化学的奇妙，许许多多有意思的化学演示实验，深深吸引了小鲍林，使鲍林从小萌生了对化学的热爱，树立了长大后当化学家的理想。正是在这种热爱的驱动下，促成他以后走上了研究化学的科学道路。

为理想奋斗

鲍林在读中学时，各科成绩都很好，尤其是化学成绩一直在班上名列前茅，是学校有名的化学"尖子生"。1917 年，鲍林以优异的成绩考入俄勒冈国立学院化学工程系，他希望通过学习大学化学，最终实现自己当化学家的理想。但是，鲍林的家境很不好，父亲只是一位普通的药剂师，母亲多病。家中经济收入微薄，居住条件也很差。迫于生存的压力，鲍林只得在大学停学一年，自己去挣学费，复学以后，他靠勤工俭学来继续维持自己的学习和生活。尽管一路坎坷，但是在 1922 年，鲍林最终还是以优异的成绩大学毕业，同时，考取了加州理工学院的研究生，导师是著名化学家诺伊斯。诺伊斯告诉鲍林，不要只停留在书本知识上，应当注重独立思考，同时要研究与化学有关的物理知识。

在导师的指导下，鲍林进步神速。1923 年，诺伊斯写了一部新书，名为《化学原理》，此书在正式出版之前，他要求鲍林在一个假期中，把书上的习题全部做一遍。鲍林用了一个假期的时间，把所有的习题都准确地做完了，诺伊斯看了鲍林的作业，十分满意。诺伊斯十分赏识鲍林，并把鲍林介绍给许多知名化学家，使鲍林有机会认识到更多的化学家，更加开阔了自己的学术视野。

鲍林在诺伊斯的指导下，完成的第一个科研课题是测定辉铝矿的晶体结构，鲍林用调射线衍射法，测定了大量的数据，最后确定了辉铝矿的结构，这一工作完成得很出色，不仅使他在化学界初露锋芒，同时也增强了他成为著名化学家的信心。

鲍林在探索化学键理论时，遇到了甲烷的正四面体结构的解释问题。为了解决这个问题，鲍林在1931年提出了杂化轨道的理论，很好地解释了甲烷的正四面体结构。在有机化学结构理论中，鲍林还提出过有名的"共振论"。特别是他在研究量子化学和其他化学理论时，曾创造性地提出了许多新的概念。例如，共价半径、金属半径、电负性标度等，这些概念的应用，对现代化学、凝聚态物理的发展都有巨大意义。

1932年，鲍林更大胆预言，惰性气体可以与其他元素化合生成化合物。惰性气体原子最外层都被8个电子所填满，形成稳定的电子层，按传统理论，它是不可能再与其他原子化合的。但鲍林的量子化学观点认为，较重的惰性气体原子，可能会与那些特别易接受电子的元素形成化合物，这一预言，在1962年被证实。这些研究成果，让鲍林成为伟大的量子化学大师，成为举世公认的当代结构化学泰斗，也把他推向了1954年诺贝尔化学奖的领奖台。

反对核战争的斗士

就是这样一位科学大师，在研究之余，还热心于世界和平事业。鲍林坚决反对把科技成果用于战争，特别反对核战争。正因为如此，在20世纪50年代初，美国政府曾对他进行过严格的审查，怀疑他是美共分子，限制他出国讲学，干涉他的人身自由。1954年，鲍林荣获诺贝尔化学奖以后，美国政府才被迫取消了对他的出国禁令。

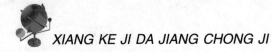

　　1955，鲍林和世界知名的大科学家爱因斯坦、罗素、约里奥·居里、玻恩等，签署了一个宣言：呼吁科学家应共同反对发展毁灭性武器，反对战争，保卫和平。1957 年 5 月，鲍林起草了《科学家反对核实验宣言》，该宣言在两周内就有 2000 多名美国科学家签名，在短短几个月内，就有 49 个国家的11000 余名科学家签名。1958 年，鲍林把反核实验宣言交给了联合国秘书长，向联合国请愿。同年，他写了《不要再有战争》一书，书中以丰富的资料，说明了核武器对人类的重大威胁。由于鲍林对和平事业的贡献，他在 1962 年荣获了诺贝尔和平奖。

颁奖前的争吵

1901 年，首届诺贝尔大奖评选开始了，瑞典人阿伦尼乌斯是诺贝尔物理奖的 11 个候选人之一，可惜最后落选了。1902 年，阿伦尼乌斯又被提名了，这次参评的不再是物理奖，而是诺贝尔化学奖，但可惜他还是没有被选上。1903 年，越来越多的诺贝尔奖评奖委员会委员加入到推举阿伦尼乌斯的行列，这一次，他获奖可能性很大，但是，对于他应获得物理奖还是化学奖，委员们的意见又发生了分歧，大家争得不可开交。最终，有评委提出给他一半物理奖，一半化学奖，这一方案可真是奇特，结果自然是被否定了。又有人提出他获奖最好再延期至下一年，结果当然也被否决。争来争去，最后，阿伦尼乌斯终于获得了 1903 年诺贝尔化学奖。

这种评奖的场面真是一波三折，充满神奇，在诺贝尔奖评选历史上绝无仅有！那么，阿伦尼乌斯是个什么样的神奇人物，他又有哪些神奇的科学成果，让如此多的人推举他，还让他横跨物理化学两大科学领域呢？

原来，阿伦尼乌斯参评的科学成果是他的电离理论。电离理论的确立，在当时的物理学和化学两个学科中都具有举足轻重的作用，人们一时很难界定它的明确"身份"。这位瑞典物理化学家也因此成为第一个获得诺贝尔奖的诺贝尔的同胞。

评奖的场面一波三折，而阿伦尼乌斯的电离理论为得到众人认可，更是一波三折。

"神童"太调皮了

小时候的阿伦尼乌斯聪明好学，但也是个淘气包，经常惹是生非。阿伦尼乌斯从3岁就开始识字，并学会了算术。这些可不是父母强迫他学的，父母并没有专门教他学什么，他是在看哥哥写作业时，自己在旁边跟着学会的。到了6岁时，阿伦尼乌斯就能够帮助父亲进行复杂的计算，算得上是一位无师自通的"神童"。

但是，当这位"神童"正式上学后，却并不是一个"好学生"，因为他太调皮了，经常破坏学校的纪律，让老师非常生气。有一次，他绘声绘色地给同学讲故事，不知不觉，大家都错过了上课时间，这还了得，老师本想要好好处罚他一下，结果又被他用"花言巧语"逃了过去。

进入中学后，阿伦尼乌斯各门功课都名列前茅，他特别喜欢物理和化学。聪明好学的他总喜欢多想一些为什么，遇到疑难的问题从不放过，他经常与同学们一起争论学习中遇到的问题，有时候也敢跟老师辩个高低。1876年，阿伦尼乌斯果然不负众望，以优异的成绩考入乌普萨拉大学，两年以后，又比通常期限提前半年通过了候补博士学位的考试，被校方认为是奇才。

勉强获得博士学位

阿伦尼乌斯选择有关电解质方面的课题作为学位论文，但是乌普萨拉大学在这方面条件不足，于是他决定拜斯德哥尔摩大学的埃德隆教授为师。当时埃德隆教授正在研究和测量溶液的电导。埃德隆教授非常欢迎阿伦尼乌斯的到来，在教授的指导下，阿伦尼乌斯开始研究浓度很稀的电解质溶液的电导。这个选题非常重要，如果没有这个选题，阿伦尼乌斯就不可能创立电离学说了。在实验室里，他夜以继日地重复着枯燥无味的实验，整天与溶液、电极、电流计、电压计打交道，这样的工作他一干就是两年。

1883 年 5 月，阿伦尼乌斯带着论文回到乌普萨拉大学，向学校的化学导师请教。阿伦尼乌斯向导师详细地解释了电离理论，但是导师对于理论不感兴趣，只说了一句："这个理论纯粹是空想，我无法相信！"阿伦尼乌斯心想：这下子坏了，我可能不能毕业了！果然，阿伦尼乌斯只以"及格"的三等成绩，"勉强获得博士学位"。

阿伦尼乌斯

不被人理解的日子

博士学位得到了，但是电离理论却不被人理解，特别是在国内几乎没有人支持，阿伦尼乌斯于是决定去国外寻找支持者，当然是要找一些支持新观点、不守旧的人。他不停地给国外一些著名专家学者写信，谈他的新理论。他首先想到了德国物理学家克劳修斯。克劳修斯对热力学第二定律作出很大贡献，又被认为是电化学的预言者。他也想得到德国化学家迈耶尔的支持。迈耶尔曾经独立地提出过元素周期律，也是一位很有威望的化学家，但是这些科学家对电离学说并没有任何回应。

幸运的是并不是所有的科学家都这样，在里加工学院任教的奥斯特瓦尔德教授却对阿伦尼乌斯的新理论大加赞赏，于是发生了下面这富有喜剧色彩的一幕：1884 年 6 月的某一天，奥斯特瓦尔德忍着牙痛，反复读着阿伦尼乌斯寄来的论文。他觉得这个年轻人的观点是可取的，并且敏锐地意识到，阿伦尼乌斯正在开创一个新的领域——离子化学。喜欢动手做实验的奥斯特瓦尔德立刻动手做起实验来，他想通过实验来证实阿伦尼乌斯电离理论的正确性。随后，这一年暑假，奥斯特瓦尔德去了瑞典，会见了阿伦尼乌斯，双方探讨了一些共同感兴趣的问题，这是他们毕生友谊和合作的开始。

由于奥斯特瓦尔德的影响，阿伦尼乌斯获得了出国做五年访问学者的资

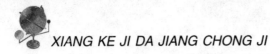

格。这样，走出国门的阿伦尼乌斯先后有机会与当时著名的科学家玻耳兹曼、范特霍甫等人合作，从事科学研究。特别是范特霍甫，他的研究工作中经常需要用电离学说来解释一些发生的现象。当他们相见的时候，两人就像老朋友一样非常亲热，有很多问题需要探讨，总有说不完的话。处于困难时期的阿伦尼乌斯终于找到了知音。正因为有了著名学者奥斯特瓦尔德和范特霍甫的支持，阿伦尼乌斯的电离学说开始逐步被世人所承认。

随着他们三个人的共同努力和科学技术的发展，特别是原子内部结构逐步被探明，电离学说最终被人们所接受，电离理论成为物理化学领域少不了的指导理论。原来反对电离学说的克莱夫教授还提议选举阿伦尼乌斯为瑞典科学院院士。1903 年，阿伦尼乌斯"因为发现电解质溶液电离理论"，获得诺贝尔化学奖。

获奖全是因为蚊子

小小的蚊子，尽管其貌不扬，但它几乎无处不在，疯狂叮咬人类。自有人类以来，小小蚊子曾一次又一次夺去了数以千计的鲜活的生命，甚至影响一个国家的兴衰、一场战争的胜负、一项工程的进展。蚊子之所以如此厉害，倒不是它那根可怕的小针，而是它是传播疾病的"凶手"。蚊子最常传播的疾病是疟疾，这种疾病传播快，又比较隐蔽，常间歇性地发冷发热，大量破坏红血球，使人类的身体渐渐衰竭，直到死亡。

蚊子传播疾病的危害如此惨烈，必然会引起科学家的关注，迄今为止，世界上至少有 4 位诺贝尔奖获得者跟蚊子有关，他们获得科学巨奖，多多少少都是因为小小的蚊子。

第一个因蚊子获奖的人

在这场人类抗击蚊子的生物战争中，首先应该提到法国军医拉弗朗。拉弗朗是法国一名普通医师，后来成为有名的寄生虫学家，并建立了热带医学实验室，对热带病，尤其对原虫病，包括锥虫病、利什曼病等疾病的研究有重大的影响。当然，这都是后话。

1878 年，身为军医的拉弗朗被军方派到当时的法属殖民地阿尔及利亚，负责研究那里的疟疾。拉弗朗到了阿尔及利亚以后，不负众望，深入细致地解剖、观察了许多疟疾死者的尸体。经过两年多的反复比较、仔细研究，终于确定了疟疾是由一种产生在患者红血球中的原虫引起的。接下来的问题是，这种原虫是怎样到红血球里去的，又是如何由一个病人传给另一个病人的。

罗纳德·罗斯

这个研究的接力棒，传到英国医生罗纳德·罗斯手里。罗纳德·罗斯（1857—1932）是英国微生物学家、热带病医师，曾任英国利物浦医学院教授、伦敦英王学院医院热带病医师。罗斯的父亲是英国驻印度殖民地的一名将军，罗斯在印度出生，回到英国读完医学院以后，又于1881年回到印度行医，当时不管是印度居民还是英国军队，都被疟疾折磨得苦不堪言，所以罗斯十分注意研究疟疾。由于此时拉弗朗已经公布了自己的发现，罗斯便认为自己的研究目标就应该是蚊子与原虫的关系。每天，罗斯在行医的工作之余，就是捕捉、解剖蚊子，他仔细观察了无数的蚊子，做了许多实验，终于在1897年8月20日，他有了重大发现。

罗斯在一种"按蚊"的胃里，找到了拉弗朗报告的那种疟原虫。1898年，罗斯成功地用"按蚊"胃里的疟原虫引发鸟类的疟疾，并且证实只有雌性"按蚊"才会传播疟疾。本来，他想用同样的方法引发人类疟疾，以便为他的研究画上一个圆满的句号，可惜没有成功。1899年，离成功还差一步的罗斯退休了。于是，他研究课题的最后一道接力棒，被一组意大利医生接了过去，他们证实蚊子在吸吮疟疾患者的血液时，把疟原虫吸到胃里，在叮咬健康人时，又把疟原虫注入健康人的血液里，使健康人患疟疾。

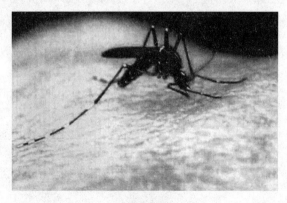

正在叮咬的蚊子

为了表彰罗斯的杰出贡献，1902 年，著名的诺贝尔生理学或医学奖的桂冠戴到他的头上。5 年以后，曾研究过蚊子的拉弗朗也获得了诺贝尔生理学或医学奖。虽然相比罗斯的得奖，这个奖来得迟了点，但拉弗朗的功绩毕竟没有被埋没。

还有一位奥地利医生，名叫瓦格纳·贾雷格，获奖也跟蚊子有间接的关系。瓦格纳·贾雷格因为成功用疟疾发病时的高烧，来治疗第三期梅毒引起的麻痹性痴呆症，也意外地获得了 1927 年的诺贝尔生理学或医学奖。瓦格纳·贾雷格生于奥地利。1880 年获维也纳大学医学博士学位。1883 年在一家精神病院任职，从而对精神病学产生了极大兴趣。1887 年他发表论文，建议在精神病患者体内感染疟疾以引起热病，起到治疗精神病的作用。不过，这种方法过于冒风险，所以他在长达 30 年的时间里始终未曾试用过。

杀死了蚊虫也害了人类

尽管科学家发现了疟疾的起因跟蚊子有关系，但到 1930 年，疟疾还是再一次使 1000 万人生病，300 万人丧生，人类损失惨重。直到 1939 年瑞士化学家米勒发明了 DDT，用它来杀灭蚊子苍蝇等害虫，情况才有所改变。

米勒 1925 年在巴塞尔大学化学院获得博士学位后，立即被瑞士奇吉公司聘为药剂师。由于农业生产的需要，1935 年公司要求他筛选一种强效低毒的农药。当时已经取得专利的杀虫剂很多，但实际上能用的几乎没有，米勒决定制出一种有效的剧毒农药来，但他一直没有想出好的办法。

一天，他收到妹妹的来信，信中说老家农村又闹虫灾了，特别是蚊子既大又多。这时他突然想起了"以毒攻毒"的办法。他决心按这个思路来试制新的杀虫剂。他以理想的杀虫剂作为自

米勒

己的奋斗目标，并为理想的杀虫剂规定了七项指标：1. 对昆虫有剧毒；2. 毒性发作迅速；3. 对温血动物和植物毒性极小或完全无毒；4. 没有刺激性，没有臭味；5. 杀虫谱尽可能广泛，不只局限在杀蚊子上；6. 作用时间长，即化学性能稳定；7. 价格低廉。米勒的实验设备相当简陋，他对几百种药物，进行了近四年艰苦的筛选试验，终于在 1939 年 9 月制出了 DDT。DDT 又叫滴滴涕、二二三，这种杀虫剂对家蝇和蚊子有惊人的灭杀作用。当时他认为 DDT，除第二条外，其他六条指标都能满足。接着他又制备出 DDT 的各种衍生物。经过多次仔细审查，DDT 对害虫的灭杀效力才被化工界承认，又在制造工艺方面作了反复多次的改进之后，于是在 1942 年 DDT 正式投放市场。

1943 年美国农业部试验用 DDT 杀灭马铃薯甲虫，证实了 DDT 具有很好的杀虫效果。1944 年 1 月在意大利那不勒斯战役中，虱传斑疹伤寒流行，每天出现 60 例新病人，官兵们处于绝望之中，这时运来了 DDT，在三周内为 130 万人灭了虱，斑疹伤寒的流行顿告平息。3 个月后，在日本出现类似病情，也是靠 DDT 大显身手，才得以转危为安。

以后 DDT 作为一种农药广泛应用于农业生产，成为农民神速战胜田禾虫害的得力手段。同时，在医疗卫生方面，DDT 则是根绝传染疾病的害虫的良药。所以，在农业生产实践中、在医疗卫生实践中，DDT 都显示了科学的力量，它为农业的丰收和增产，为传染病的有效防治，作出了重大的贡献。1948 年，米勒因制出 DDT 及其化学衍生物，获得了诺贝尔生理学或医学奖。

那时在人们的心目中，DDT 是一种对人体无害的杀虫药物。其无害性是以这样一些事实为依据的：在第二次世界大战时期，把 DDT 粉剂撒到成千上万的士兵、难民、俘虏身上，以灭虱子，十分有效，而人体却没有受到伤害。于是人们想当然以为，这么多人与 DDT 打过交道，没有遭受危害，可见这种药物对于人是有益而无害的。但是，谁也没想到的是，人类后来为此付出了沉重的代价：DDT 对生物和人体其实是有害的。DDT 在杀灭害虫的同时，也大量杀灭益虫。同时，对人体也间接产生极大的危害性。而且，自 20 世纪 40 年代来，人们从世界各地陆续发现，在使用了几年 DDT 之后，许多昆虫，像苍蝇、蚊子、臭虫、跳蚤、虱子等都有了抗药性。1960 年，在美国列出 65 种农业害虫对 DDT 之类的药物具有抗药性。DDT 消灭害虫的有效性已不像当初那么灵验了。20 世纪 60 年代以后，各国各地陆续停止生产和使用 DDT。到 70 年代，DDT 已是世界各国明令宣布的禁用品。而科学家们又制作出了新的一些毒性较低的化学杀虫剂，而且开辟了制作对人无害的生物农药的新方向。DDT 自此由灵转变到不灵，由功臣变为祸首。

DDT 的污染现在成为一个全球性问题。2001 年，127 个国家和地区的代表签署了《斯德哥尔摩公约》，公约规定，签约国家需在 25 年之内停止或限制使用 12 种持久性有机污染物，DDT 名列其中。我国也在 1983 年停止了 DDT 的使用。

甚至有人因此提出：1948 年颁发给米勒的诺贝尔奖是否是"误奖"？当然，不管怎么样，作为化学杀虫剂的先驱者，科学家米勒的历史贡献还是不容抹杀的。

小小的蚊子，竟先后使 4 位科学家获得诺贝尔奖。

领奖台上的华人科学家

1965 年，我国在世界上首次人工合成了胰岛素，很多国内外的著名科学家对这一重大科学成就都给予了肯定，认为是当年诺贝尔奖的大热门、最有力的竞争者，而我国也正式提出申报，但是这一重大成果还是与诺贝尔奖擦肩而过。不过，在诺贝尔奖这一科学巨奖的领奖台上，也不乏华人科学家的身影。

用普通话发言

杨振宁和李政道是美籍华人科学家，他们是令人羡慕的。令人羡慕的不仅是他们获得了诺贝尔奖，更令人羡慕的是他们的工作在惊人的短时间内赢得了诺贝尔奖委员会的认可，他们从发表论文到获得诺贝尔奖，只有短短的一年时间，一年之内就获得诺贝尔奖，这简直是奇迹，这在诺贝尔奖历史上也是绝无仅有的！他们也是令人敬佩的，他们年纪轻轻，就敢于向物理学领域的"金科玉律"发出挑战，并最终创造科学上的新神话。

当杨振宁前往斯德哥尔摩领取诺贝尔奖时，他当时的身份还是一个中国公民呢。在领奖仪式上，杨振宁深情地用中国普通话大声说："我虽然是献身于现代科学，但我对我所承受的中国传统和背景，引以为自豪！"

1944 年，杨振宁在清华大学取得了科学硕士学位。第二年，他凭奖学金赴美留学。旧中国大学的实验设备十分落后，杨振宁刚进美国芝加哥大学时，许多先进仪器从未见过，一些外国学生对他冷嘲热讽。但是，杨振宁深信中华民族的子孙决不会比外国人笨，他说："这有什么了不起？头一次见它是陌生的，第二次、第三次再见不就熟悉了！"在知识的百花园中，他像蜜蜂采花酿蜜那样辛勤，不知疲倦地广汲博取。1948年，他以优异成绩获得物理学博士学位，并被邀请留校任讲师。第二年，他转到美国新泽西州普林斯顿高级学术研究所工作。27岁的杨振宁，才华横溢，酝酿着学术研究上的新突破。导师主动提出与杨振宁合作攻关，共同提出了基本粒子的结构模型，这为以后杨振宁打开基本粒子的大门铺平了道路。

杨振宁

1954年，杨振宁的导师病逝以后，他又与另一位物理学家合作，提出了规范场理论。这种理论，对研究自然界四种基本作用力（万有引力、电磁力、强作用力和弱作用力）显示出越来越大的重要性。世界科学家公认：近代理论物理学在某些领域的发展，与杨振宁的名字是分不开的。在赞扬声中，年轻的杨振宁并没有自我陶醉。相反，他像一只矫健的雄鹰，越飞越高。当时物理学上有一条定律叫做"宇称守恒定律"，被认为是最权威的法则之一。杨振宁在深入探讨中，发现这条别人不敢怀疑的"金科玉律"有许多疑点，便决心向权威挑战。于是，他和李政道合作，用科学实验的事实去推翻"宇称守恒定律"。1956年，他们提出弱相互作用中宇称不守恒的理论，打破了曾被认为不可动摇的"宇称守恒定律"，使基本粒子理论得到迅速的发展。科学家们心悦诚服，一致认为，这是近代理论物理学上最重大的发现之一。1957年，杨振宁和李政道一起荣获诺贝尔物理学奖。这一年，34岁的杨振宁还获得爱因斯坦科学奖，美国科学界赞誉他是"最杰出的青年之一"。

以为只是一场玩笑

1997年10月15日凌晨，美籍华人科学家朱棣文在睡梦中被一阵电话铃声惊醒，打电话的是他的学生，那学生激动地说道："朱先生，恭喜您获得诺

朱棣文

贝尔奖!"还在睡梦中的朱棣文以为是哪个学生的恶作剧,于是漫不经心地回答道:"开什么玩笑!"

可是,刚刚放下电话,一名记者又来电话问他获得诺贝尔奖的感想,他还是不信,只好说:"没有什么特别的感想!"后来电话不断打进来,直到自己所在的美国斯坦福大学的有关人员告诉他,得诺贝尔奖的消息已在互联网中传开了,朱棣文这才相信获奖是真的。

朱棣文不轻易相信自己获奖,这与他平时为人非常谦逊有关,他从事研究工作总是如痴如醉,很入迷,这也怪不得他对获奖一事以为只是一场玩笑。即使在得知自己获奖的消息后,他仍然平静得异乎寻常,他说:"获奖只是说明我的运气比较好。想想看有这么多比我杰出的科学家都没有得奖,我便不会把它看得太重。我不希望因这个奖励打断我的时间表,我仍会像往常一样地去学校上课。"

那朱棣文是凭什么成就获得诺贝尔物理学奖的呢?原来,朱棣文是最早发明出利用"激光冷却"来捕捉原子方法的人。什么是"激光冷却"技术呢?科学家为我们打了个通俗的比方:一个行进中的小球速度非常快,快得你无法看清它,当然就更谈不上研究它,你如果用高压水枪迎面喷出一股水柱,只要力量相当,它就可以相对静止下来,让它悬浮在空中,你想怎么看就怎么看,让你看个够。这可是一个了不得的成就,这项成就,可使科学家在前人所无法到达的领域内操控物质,这项成果可以进一步发展太空导航系统,能够更准确进行地面卫星定位,利用这一技术制造更精确的原子钟,还可用这一技术制造原子激光束来测定万有引力。为此,朱棣文从1976年起整整艰辛奋斗了20年的时间!

农民的儿子获大奖

一位中国农民的儿子，凭着自己对科学的执著追求，获得诺贝尔奖。他就是华人科学家、美国普林斯顿大学的崔琦教授。

崔琦 1939 年出生于河南宝丰县一个普通农民家庭，父亲是一个普普通通的农民。就是这样一位农民的儿子，因为"发现分数量子霍尔效应"，获得 1998 年诺贝尔物理学奖。获奖时，他是美国普林斯顿大学电机工程系的教授。一个工程系的教授居然获得诺贝尔物理学奖，这在诺贝尔奖获奖史上很少见。由此可见崔琦能够获得科学界最高荣誉，肯定是作出了非同一般的努力，付出了非同一般的艰辛。

崔琦最喜欢的格言就是："只问耕耘，不问收获。"认识他的人都说："崔琦教授可以说是典型的中国学者，他处处体现出传统的中国读书人的谦虚、踏实以及好学的作风，完全没有美国和西方那些'以我为中心'以及急功近利的态度，的确是年轻人学习的榜样。"

1999 年 12 月，在香港中文大学演讲时，崔琦语重心长地说，自己教书 30 年来接触的许多人都是在中国长大的理科学生，他们往往缺乏自信，而且往往要知道会有什么样的收获才去做。相反，欧洲学生具有冒险精神，只要认为很有意思、很好、很有挑战性，就会踏踏实实地去做。在演讲后与学生交谈中，大学生们最想从这位世界级的科学大师口中得到一条成功的"捷径"，然而，崔琦从始到终的回答都是"坚持"两个字。

人们期待着更多的黄皮肤黑眼珠的炎黄子孙荣膺诺贝尔奖，对人类科学事业的发展作出自己的贡献。

崔琦

获得诺贝尔奖的数字怪才

诺贝尔奖因为没有设立数学奖，所以数学家很难获得诺贝尔奖，可是，这个惯例在 1994 年被一位数学怪才所打破，他就是富有传奇人生经历的纳什。数学家纳什凭借他辉煌的数学成果，摘取了 1994 年的诺贝尔经济学奖。

说纳什是一位不同寻常的怪人，一点也没错。这位美国大学数学系教授，头发灰白、双眼深陷，一天不停地在一张纸上潦草地写写画画。多年以来，他一直看似行将就木，并一直生活在贫困中，他的世界里满是魔鬼、武士和先知，他觉得自己一直生活在拿破仑、撒旦或是巨人的威胁下。他对世界的毁灭和自己的死亡有深深的恐惧。他目光空洞地四处游荡，认为只有自己才真正明白世界的真相，而其他人都生活在幻象之中。他担心自己随时会被其他人杀害，因为自己是"通晓天机的人"。他的全名叫小约翰·福布斯·纳什，患有妄想型精神分裂症。但就是这样一位病人，却是一位 20 世纪少有的数学天才，是诺贝尔奖得主。

妹妹的小尾巴

1928 年 6 月 13 日，纳什出生了，像一些所谓的"神童"一样，儿时的纳什是一个性格孤僻的孩子。他没有朋友，成天埋头做着他的各种奇怪的实验。有时，妹妹出门去玩，只好把这位孤僻的哥哥也带上，但是带着这个"小尾巴"哥哥，妹妹也没能让哥哥跟小伙伴们打成一片。幸好纳什的父亲是一位很有耐心的父亲，同时也是一位电子工程师，他总是很乐意地解答纳什提出的各种问题。

学校的老师们一点没发觉小纳什有什么超人的才能，相反，他们非常讨厌这样一个学生，因为这个学生太不合群，而且对人非常不尊重。青年时的纳什总是成为人们嘲弄和取笑的对象，因为他对集体活动不感兴趣，不善于跟人打交道。他奇怪的举动让他饱尝了众人的白眼。

纳什

不过，随着年龄的增长，纳什越来越在数学方面显示他出众的才能。他在卡内基理工学院——如今的卡内基大学——就学的时候，一位教授就将纳什称为高斯第二，以此来形容这个学生的数学才能。纳什来到卡内基理工学院是为了成为一个工程师，但最后他却在这所学校成长为一位伟大的数学家。

不过，成长为数学家的道路也不是一帆风顺的。1947年3月，纳什遭遇了一生中首次重大失败。他参加了当时的威廉·洛厄尔·帕特南数学竞赛。这是一个为大学在校学生举办的数学比赛，也被认为是让自己的名字在数学界出现的好机会。但是纳什输掉了这场竞赛，他没能进入前5名。对于一个被认为是数学天才的人来说，这是一个沉重的打击。

最耀眼的数学家

1948年，纳什从数学系毕业，并得到了去哈佛大学或普林斯顿大学等名校深造的机会。纳什本人向往哈佛，但是由于在帕特南数学竞赛中的失败，哈佛提供给纳什的奖学金是各所大学中最少的。最后，凭着推荐信中一句"这个学生是个天才"，纳什来到了普林斯顿大学。

普林斯顿的环境非常适合纳什。这个1933年成立的大学城聚集了众多著名的科学大师：罗伯特·奥本海默、爱因斯坦、冯·诺伊曼……纳什进入数学系攻读博士学位。当时数学系的主任是莱夫谢茨，他在一次事故中失去了双手和前臂。

莱夫谢茨鼓励学生进行独立思考，这样的老师非常适合纳什，他在这里学习，如鱼得水。每天下午3点钟的下午茶时间，教授和学生们总会坐在一起，讨论数学，说着有关数学的笑话，谈论各种最新的数学研究成果，并通过这样的方式来评价每个学生的能力。这时的纳什谈起数学来，不再木讷，而是神采飞扬。

有一次，纳什前去拜访爱因斯坦，向他讲述自己对于重力的看法。在一个小时的讨论之后，爱因斯坦对纳什说："年轻人，你应该来学一点物理。"但纳什并没有遵从他的建议。他觉得数学才是自己的最爱。1949年，纳什开始研究被当时数学界人士认为是"丑姑娘"的对策理论。对策理论的创始人是美国数学家约翰·冯·诺伊曼，1944年，诺伊曼和摩根斯顿共同撰写《对策理论与经济行为》一书，标志着现代系统对策理论的诞生。在诺伊曼和摩根斯顿眼里，经济是一种完全科学性的行为，需要数学理论对它进行规范。

纳什的第一项正式科学研究，便是这在现代经济学中具有里程碑意义的对策论数学。1950年，纳什发表了他的"非合作对策"博士论文，提出了与诺伊曼的理论相对立的观点。当纳什向诺伊曼提出他的理论时，却被简单地认为是"对已完善定理的新译法"。但诺伊曼这一回却是大错特错，纳什的非合作对策论，不但奠定了对策论的数学基础，而且在后来得到了商业策略家的广泛应用。

当然，纳什对科学的最大贡献，还缘于一次来自同事的刺激。1932年，纳什在麻省理工学院工作期间，一位同事刺激他说："既然你如此聪明，为什么解决不了变数问题？"6年后，纳什就把这个问题解决了，他甚至掌握了一些关于水面被打破、原子运动和地震活动的方程式的重要结果。纳什因此被《财富》周刊评为最耀眼的新生代数学家。

获奖心愿终于实现

然而，就在纳什30岁即将成为大学教授的时候，不幸降临了。他的脑子出现了可怕的问题，经医生诊断，纳什得了妄想型精神分裂症。一天早晨，纳什拿着一份《纽约时报》走进办公室，对着空气说，报纸头版左边的文章里包含着一条来自另一个星球的数字信息，只有他能破解，把周围的人吓了一大跳。

就这样，纳什的病情在好转与复发之间反反复复。这位数学天才的生命，在随后的几十年岁月里，一直就在医院、孤独和数学研究中度过。即使是处于病魔的重压之下，纳什仍然不放弃他对数学的研究。在这段艰难的时期，纳什的名字开始频频出现，硕果累累！顽强的毅力和对数学的不懈追求，以及对博弈论的研究，助他在 1994 年获得了诺贝尔

影片《美丽心灵》海报

经济学奖。这多少弥补了纳什想获得科学大奖的心愿，在 1958 年，纳什曾特别想获得数学界的最高奖菲尔兹奖，但当年的奖项颁给了别人。

纳什的神奇人生，也让他与电影搭上关系，美国奥斯卡最佳影片《美丽心灵》的男主角及内容，就是以纳什的生活为原型。本片描写了英俊而又十分古怪的纳什早年就作出了惊人的数学发现，开始享有国际声誉。但纳什出众的直觉受到了精神分裂症的困扰，使他向学术上最高层次进军的辉煌历程发生了巨大改变。面对这个沉重打击，纳什在妻子艾丽西亚的相助下，毫不畏惧，顽强抗争。经过了几十年的艰难努力，他终于战胜了这个不幸，并于 1994 年获得诺贝尔奖。

为了拍好这部电影，制片公司还特别聘请了数学家拜尔担任影片的数学顾问。而纳什本人也满怀兴趣地观看了影片，对片中有关数学内容的展现表示非常满意。

巨奖背后的奇人奇事

沃尔夫奖中的物理奖，跟沃尔夫数学奖一样，也是一项世人瞩目的科学大奖，获得此奖的科学家，大多是名声显赫的大物理学家，他们获奖背后的故事跟他们的研究成就一样神奇而伟大！获得此奖的史蒂芬·霍金就是这样一位"科学巨人"。尽管他病残的身体让他连说话都难，但他超人的大脑里总能迸发出智慧的火花，让他在黑洞和宇宙论的研究上取得重大成就。

奇怪的疾病

1942年1月8日，史蒂芬·霍金出生在英国牛津，小时候，他对船模和航模特别着迷。他十几岁时不但喜欢做模型飞机和轮船，还喜欢和小伙伴们一起玩打战船战机的游戏，这些爱好与游戏，让小霍金从小就下定决心，长大后要从事物理学和天文学的研究。但小时候的霍金，在学校的成绩算不上最好，在他12岁那年，他的一位好朋友甚至跟另一位朋友用一袋糖果打赌，说霍金永远不可能成材。但是，17岁那年，霍金却考取了自然科学的奖学金，顺利进入著名学府牛津大学就读。学士毕业后，他转到剑桥大学攻读博士，研究宇宙学。

就在年轻的霍金正准备在自己喜爱的科学领域大干一场的时候，厄运降临到他的头上，医生发现他患上肌肉萎缩症。对这种病，医生也无可奈何，并断言：身患绝症的霍金只能再活两年。这对霍金来说，无疑是迎头一棒，霍金万念俱灰，打算放弃从事科学研究的理想。但是，峰回路转，不久，本

史蒂芬·霍金

来恶化的病情不知不觉减慢了恶化的速度，霍金的信心又回来了，他排除万难，从病痛中站了起来，继续他的科学研究。

很快，霍金在科学界开始崭露头角，20世纪70年代，他和彭罗斯一起，证明了著名的奇性定理，这让他在1988年获得沃尔夫物理奖。这一时期，他对黑洞的研究也进展顺利，他证明了黑洞的面积不会随时间减少。1973年，他发现黑洞辐射的温度和其质量成反比，即黑洞会因为辐射而变小，但温度却会升高，最终会发生爆炸而消失。

从20世纪80年代开始，霍金开始研究量子宇宙论。可惜，病魔总缠住他不放，这时的他在病魔的折磨下，连走路也变得非常困难，后来又得了肺炎，不得不接受穿气管手术，从此，他再也不能说话。一直到现在，他都是全身瘫痪，要靠电动轮椅代替双脚行走，不能正常说话，要靠电脑和语言合成器帮忙才能表达自己的思想，连阅读也要别人替他把每页纸摊平在桌上，让他驱动着轮椅逐页去看。就是这样一位身患疾病的科学家，却在科学上取

得骄人的成就。霍金是不幸的，但他在科学上的成就却都是在他发病后获得的。他凭着坚毅不屈的意志，战胜了疾病，创造了一个又一个奇迹，这是多么的了不起！

霍金之所以能以病残之身支持到今天并取得卓越科学成就，最主要的是他具有强烈的使命感和极其坚强的意志。残疾没有击倒他，反而使他的才能发挥到了极致。好强的霍金也不愿意人们把他当做一个残疾人看待，他正用自己的一生，创造着科学人生的奇迹。

当代最杰出的物理学家

霍金一生贡献于理论物理学的研究，被称为在世的最伟大的科学家，"当今的爱因斯坦"。他在统一20世纪物理学的两大基础理论——爱因斯坦的相对论和普朗克的量子论方面，走出了重要一步。

1974年3月1日，霍金在《自然》上发表论文，阐述了自己的新发现——黑洞是有辐射的。在随后的几个星期内，全世界的物理学家都在讨论他的研究工作（霍金所指的辐射被称为霍金辐射）。霍金的新发现，被认为是

多年来理论物理学最重要的进展。该论文被称为"物理学史卜最深刻的论文之一"。

随后，各种荣誉向霍金飞来，除了获得沃尔夫物理学奖，他还先后获得了伦敦皇家天文学会的埃丁顿勋章、梵蒂冈教皇科学学会十一世勋章、霍普金斯奖、美国丹尼欧海涅曼奖、马克斯韦奖和英国皇家学会的休斯勋章。1978年他获得物理界最有威望的

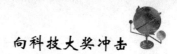

大奖——阿尔伯特·爱因斯坦奖。

1988 年，霍金的惊世之作《时间简史：从大爆炸到黑洞》出版发行。这部在全世界曾风靡一时的名著，从研究黑洞出发，探索了宇宙的起源和归宿，解答了人类有史以来一直探索的问题：时间有没有开端，空间有没有边界。这是人类科学史上里程碑式的佳作。该书被译成 40 余种文字，出版了 1000 余万册。1989 年，他获得英国爵士荣誉称号。他也是英国皇家学会会员和美国科学院外籍院士。

霍金的科学演讲在国际上也享有盛誉，他的演讲通俗深刻，他的足迹遍布世界各地，也曾多次到中国演讲过。

科技奖励中的趣闻与轶事

许多重大科技奖的获奖者，在他们的科研生涯中曾发生过许多令人忍俊不禁的轶闻趣事，他们本人也发表过许多真知灼见。诺贝尔物理学奖获得者、著名物理学家劳厄就科技教育发表看法时说："重要的不是获得知识，而是发展思维能力。教育无非是一切已经学过的东西都遗忘掉的时候所剩下来的东西。"1988 年，在巴黎举行的世界各国诺贝尔奖得主的聚会上，有人问一位耄耋之年的诺贝尔科学奖得主："您在哪所大学、哪个实验室学到了您认为是最主要的东西呢？"这位德高望重的获奖者却出乎意外地回答："在幼儿园。"这位科学大师的一句令人惊讶的话，却道出了童年时期的教育对一个人成长的重要性。而 1978 年，华裔物理学家吴健雄收到获得以色列第一届沃尔夫物理奖的通知时，误将通知上的 10 万美元奖金看成 100 美元。她对同事和学生开玩笑说，如果飞到以色列去领 100 美元奖金，会成为笑柄。后经秘书提醒才恍然大悟。2002 年的诺贝尔经济学奖得主丹尼尔·卡尼曼，在得知自己获奖的消息后，激动之余，却把自己反锁到屋外，后来不得不破窗而入。

一、诺贝尔奖为什么不奖数学

百余年来，诺贝尔科学奖获奖成果已成为人类原始性创新的重要标志。诺贝尔科学奖获奖的范围几乎包括了 20 世纪中发生在这些相关领域的所有科学大事件。从相对论到量子力学理论，从胰岛素的发现到基因工程的研究，从原子弹爆炸到大爆炸理论，所有尖端技术和科学前沿，无不纳入诺贝尔科学奖的视野。

众所周知，数学是其他自然科学的重要基础，物理学、化学和生物医学等学科的许多新发现、新进展，与数学上的新突破是分不开的，有时甚至是以数学上的新突破为先导而获得成功的。但是，诺贝尔却在遗嘱中没有规定把科学奖授予出类拔萃的数学家。在诺贝尔科学奖设立 100 多年后的今天，诺贝尔基金会也没有增设诺贝尔数学奖金。此中的奥妙引起了公众，特别是年轻人的关注。他们在不同的场合中常常会提出诺贝尔奖不设数学奖这一问题，但专家和诺贝尔基金会给出了不同的解释。

第一种解释是一个迷人的故事。传说诺贝尔年轻时代曾与瑞典著名的数学家哥斯塔－米塔格一勒夫内竞相向一位佚名的摩登女郎求爱。后来，诺贝尔成了情场上的失意者。于是诺贝尔通过把数学家排斥在获奖者之外进行报复，使他的对手永远得不到他设置的任何一点奖金。这个故事是虚构的还是真有其事，现已无从查考。这些离奇情节在目前很多资料中尚未发现与事实有关的只言片语。即使是数学历史知识渊博的学者也难以表述这个故事的来龙去脉。

第二种解释是诺贝尔基金会做出的。他们认为，"诺贝尔之所以把数学排斥在获奖的范围之外，是因为他指望以一种具体的而不是抽象的方式造福于人类。"大多数的数学家对于这样的解释是满意的，同时，国际数学联合会颁发的菲尔兹数学奖，其影响也可以与诺贝尔奖相媲美。该奖授予不论国籍、民族、人种和语言的青年数学家。因此对数学界来说，不设诺贝尔数学奖，他们也不会因此而耿耿于怀。

诺贝尔去世以后，诺贝尔科学奖金委员会一直只从狭义上解释他们的使命，把诺贝尔科学奖局限于物理、化学、生理学及医学这三个科学领域。以至引起科学界越来越多的非议和指责。科学技术的飞速发展和来自世界各界的呼吁和批评，使诺贝尔科学奖金委员会再也难以墨守成规。1969 年，诺贝尔基金委员会设立了诺贝尔经济学奖，由瑞典皇家科学院诺贝尔经济学奖金评选委员会负责评奖 T 作。同时，1973 年生理学医学奖授予有创见的人类学家荷兰人尼古拉斯·廷伯根、英国人康拉德－洛伦茨和奥地利人卡尔·冯·

弗里斯，从而为生物学的研究敞开了大门。1974 年，诺贝尔物理学奖授予英国天文学家安东尼·休伊什和马丁·赖尔，扩大了物理学的领域。此外，地质学、地理学、海洋学甚至数学上的杰出科学家对获得诺贝尔科学奖的愿望也与日俱增，诺贝尔科学奖之光正在向新兴的科技领域延伸。

100 多年来，颁发诺贝尔科学奖一直恪守诺贝尔的最后遗嘱（据说诺贝尔临终前有过两次遗嘱）。为弥补诺贝尔奖授奖范围有限的不足，1980 年，瑞典皇家科学院设立"格拉芙奖"，授予数学、天文学、生物学（特别是生态学）、地球科学等研究中做出重大贡献的科技人员，每年授予其中一个领域，奖金为 50 万美元。

二、获得诺贝尔奖的关键是什么

"具备怎样的条件的人才能获得诺贝尔科学奖?""如何才能获得诺贝尔科学奖?"在听诺贝尔奖获得者的讲座时或与之交谈时，很多人往往会提出这样的问题，但回答这个问题却较为复杂。候选人除了做出重大的科学贡献之外，还有其他因素。1970 年，美国经济学家保罗·塞缪尔森在颁奖仪式上演说时曾说过这样一句话，他说："我可以告诉你们怎样才能获得诺贝尔奖，诀窍之一就是要有名师指点。"他的话不无道理。在诺贝尔奖获奖者中，此类事例并不鲜见。

美籍华人、著名物理学家杨振宁教授获得诺贝尔奖就是一个鲜明的例子。杨振宁教授家学渊博，父亲杨武之曾是西南联合大学数学教授。杨振宁 22 岁在西南联大毕业时，深得物理学大师吴大猷教授的赞赏，并推荐他到美国继续学习。1945 年，杨振宁从中国到达美国，想师从当时蜚声国际的物理学家费米和威格纳深造。他径自前往哥伦比亚大学寻找费米，由于第二次世界大战的影响，费米已到芝加哥从事研究原子弹的绝密工作，该大学教师无人知晓费米的下落。但杨振宁毫不灰心，又到普林斯顿大学寻找威格纳，结果威格纳也"下落不明"。实际上威格纳也参加了曼哈顿计划，先后在芝加哥和橡树岭工作。此时杨振宁在普林斯顿听说费米将在芝加哥大学主持一个新的研究所，于是继续寻找，终于在 1946 年 1 月在费米的讲座班上认识了费米。费米告诉他因自己仍在从事高度机密的研究，不能指导他的攻读博士学位，但高兴地把杨振宁介绍给著名物理学家、氢弹之父爱特华·泰勒。在泰勒的指导下，杨振宁 26 岁获得了博士学位。此后，杨振宁在费米的指导下，在基本粒子物理学和统计力学方面做出了非凡成就。他 1948 年发现"杨氏角分布定理"；1950 年发现"杨氏介子衰变定理"，并和费米共同提出过"费米－杨模型"，解释了介子的性质。1954 年，杨振宁和米尔斯共同提出一种量子场——"杨－米尔斯场模型"；1956 年，他与美籍华人李政道共同发现"弱相互作用中宇称性不守恒原理"，这项成就使他于 1957 年和李政道教授共同获得诺贝尔物理学奖，成为名扬四海的著名科学家。显然，除了自己勤奋刻苦的努力，锲而不舍的钻研之外，重要的是在科学大师的指点下，他得以站在科学研究的前沿，从而做出重大的科学发现。1994 年秋，杨振宁又获得了另一项科学奖——费城富兰克林学院颁发的"鲍威尔（Bauer）科学成就奖"。这次获奖的原因，是基于他"在规范场方面和其他方面的杰出贡献"。所谓"规范场"，即指杨振宁于 1954 年与米尔斯合作创立的"杨—米尔斯规范场理论"。授奖方认为杨振宁的科研活动"已经排列在牛顿、麦克斯韦和爱因斯坦的工作行列中，并必将对未来几代有类似的影响"。

另一个例子是丹麦的哥本哈根学派。众所周知，20 世纪物理学两大革命性发现之一是爱因斯坦创立的"相对论"，另一个是"量子力学"。量子力学是一代人集体努力的结果，但核心人物是丹麦的尼尔斯－玻尔。玻尔不仅在科学上取得非凡成就，而且还在造就人才方面贡献突出。他以自己的崇高威望及和蔼可亲吸引了大批青年才俊，形成了著名的哥本哈根学派，并作出了一系列重大的科学发现。20 世纪 20 年代，在玻尔研究所工作 1 个月以上的共有 63 位科学家，而他们来自于 17 个国家。正是由于有玻尔这样的名师的指点，其中的 10 人先后获得诺贝尔奖金，取得"矩阵力学"、"泡利不相容原理"、"测不准原理"等重大科学成就。

三、科技奖励中的遗误

虽然很多重大科技奖项在提名和评审中是非常科学严谨的，但也难免出现纰漏，甚至诺贝尔科学奖也不例外。

令诺贝尔奖评审委员会尴尬的另一个事例是 1923 年将生理学及医学奖授给苏格兰学者约翰·麦克劳德。他获奖的科学贡献据说是发现胰岛素。但实际上他当时是一个实验室的主任，而具体工作是班廷和贝斯特做的，他俩在这个实验室中成功分离胰岛素，并研究了胰岛素在治疗人体糖尿病方面的作用机理。麦克劳德仅有可能促进过或者帮助过他们的工作。在《科技世界》1979 年第 1 期的《十只狗、糖尿病、胰岛素》一文和其他参考资料中明确指出麦克劳德并没有发现胰岛素，甚至在班廷和贝斯特发现胰岛素时，他都没有在场。他获得诺贝尔生理学及医学奖，既是一场历史的误会，但更多的是评奖委员会的疏忽。但科技界人士对诺贝尔科学奖金委员会的质疑和指责，更多的是没有给谁颁奖，而不是错授予了谁。

第二个例子是丹麦医生约翰内斯·菲比格对恶性肿瘤扩散的研究（据称他发现致癌寄生虫）而获得诺贝尔奖。这一研究结果是一个完全错误的事实，科学家们认为他是最不应该获得诺贝尔奖的。这个不幸的插曲使诺贝尔基金会瑞典皇家卡罗琳医药学院非常难堪，以至在作出含糊其辞的决定之后，40年内不再授予癌症研究成就以奖金，这对从事肿瘤和癌研究方面研究的科学家确是一件不幸的事件。直至 1966 年，美国科学家弗朗西斯·佩顿·劳斯和查尔斯·B·哈金斯分别发现一种致癌的病毒和发现利用荷尔蒙治疗癌症而获得诺贝尔奖才扭转了这种难堪的局面。

此外，诺贝尔奖评审中的一些疏漏也造成很多著名科学家与诺贝尔奖无缘，这些疏漏包括选错奖励项目、选错获奖对象等。甚至还有一些科学家虽然拥有公认的重大发现，却也与诺贝尔科学奖擦肩而过。比如爱因斯坦提出相对论，很多著名科学家提名他为诺贝尔物理学奖候选人。但诺贝尔奖评审团认为相对论应接受时间的考验，致使爱因斯坦连年落选。直到 1921 年，诺贝尔奖委员会在公告中说，因爱因斯坦发现了光电效应，所以决定把本年度的物理学奖授予他。许多科学家认为，光电效应的科学意义无法和相对论相提并论，诺贝尔奖委员会选错了奖励项目。更让人遗憾的是，在诺贝尔奖首次颁奖的 32 年前，俄国科学家门捷列夫发现了元素的周期排列规律，元素周期表成为后来世界上所有科学课堂都讲授的重要内容，其科学发现是非常巨大的。可是，诺贝尔奖委员会始终没有授予他任何荣誉。这位 1905 年诺贝尔奖的候选人，在 1906 年又以一票之差无缘诺贝尔奖。1907 年，他告别人世，给诺贝尔奖留下无法弥补的遗憾。

四、科技奖励的内在魅力

1988 年夏，某一发达国家的"大款"找到诺贝尔医学奖评委会的主管人员，表示愿出 5 亿美元送你们搞科研，条件是"要让我得一个诺贝尔奖"，但他得到的是一个"硬钉子"。诺贝尔奖评审委员会的回答是："诺贝尔奖是无价之奖。"这句话表明，重大科技成果的价值是无量的。

为什么很多人，甚至是一些国家都把获诺贝尔奖作为本国追求的目标呢？一般人可能会认为是因为诺贝尔奖的荣誉和声望，有的人认为是那笔可观的奖金。当然，诺贝尔奖颁奖之初，奖金为 3 万多美金，到 1992 年奖金高达 60 万美元，而目前诺贝尔奖奖金已经接近 100 万美元。也许，对普通的人来说，诺贝尔奖的奖金足以解决一生的花费。但在科学家眼里，争取诺贝尔奖并不是因为其奖金高，而关键是代表科技界的最高成就，以及誉满全球的荣誉。比如，1975 年诺贝尔奖奖金不过 6 万美元，但丝毫未影响获奖者名噪天下。

诺贝尔奖还有一个重大的魅力，那便是她那隆重、别出心裁的颁奖仪式。诺贝尔科学奖的授奖仪式于每年的诺贝尔逝世纪念日——12 月 10 日下午 4 点半在瑞典的斯德哥尔摩举行。举行授奖典礼前，获奖人就提前来到这里。他们到瑞典后都被视为诺贝尔基金会的贵宾，居住在斯德哥尔摩豪华的宾馆里，

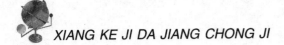

享受着最高级的生活待遇。因每年出席人数限于 1500～1800 人，所以得到一张请帖是不易的。

更令人感兴趣的是，领奖日清晨，会有八名年轻女郎，身着洁白长裙，头戴插着蜡烛的冠冕，走进获奖者下栖的卧室，伫立床头咏唱颂歌，唤醒这位幸运的人。这个"待遇"经历一次，终生难忘。看来，刻意创造颁奖的氛围，比单一发个奖章（杯）、一个"红包"更能激起获奖者的幸运和幸福之感，这也许是诺贝尔奖金比其他的奖金更引人瞩目之处。

诺贝尔科学奖的授奖典礼更是隆重。颁奖典礼似乎尚存有 19 世纪的味道，瑞典国王和皇后一直扮演主要角色，场面壮观隆重，给人留下古色古香的难忘记忆。颁奖大厅灯火通明，松柏放在规定的位置，白花和黄花从圣雷英空运而来。出席仪式和参加宴会的人，男士要穿燕尾服或民族服装，女士要穿严肃的晚礼服。仪式进行中，所有人都保持安静，甚至强制自己不咳嗽。诺贝尔基金会的一位工作人员说，这是对知识的尊重，对为人类做出巨大贡献人的尊重。得奖人由诺贝尔基金会的成员陪同进入斯德哥尔摩音乐厅中受奖者席位。授奖开始，基金会主席以瑞典语将得奖人的伟大贡献做简要介绍，随后，邀请每位得奖人以其本国语言发表演说，接着步下台阶，在瑞典国王面前接受奖章和荣誉状，并接受国王和皇后的祝福。授奖后的第二天，得奖人即可取得诺贝尔基金会所颁赠奖金的支票。

无论是谁，参加一次这样的仪式或宴会，都会进一步加深对人类文明的理解。

探究诺贝尔奖的魅力所在，除了体现对世界著名科技大师所做贡献的肯定、尊敬和崇尚之外，更重要的是营造一种尊重知识、尊重人才、尊重劳动、尊重创新和创造的良好社会氛围。我们不见得也模仿"八个女郎"的那么一个场景，但掌声、鲜花、祝贺，把颁奖仪式搞得庄严隆重是非常必要的，这对激励中国科学家不断自主创新，去获取诺贝尔奖这顶桂冠是有积极作用的。

五、滞后多年的奖赏

在做出重大科技成就后很快就得到奖励固然很好，这对科学家和颁奖方来说都是件高兴的事。但在现实中，不乏因各种因素导致科学家在做出重大贡献若干年后才获得奖励的事例。美国芝加哥大学费米研究所物理学教授、美籍印度裔天体物理学家苏布拉马尼亚姆·钱德拉塞卡就是一个典型的例子。

1983 年，73 岁的钱德拉塞卡在自己家中收到了一份特殊而丰厚的生日礼物，即获得诺贝尔物理学奖的通知。获奖是因为他对星体结构和演化的重要物理过程的理论性研究所取得的成就。他的获奖填补了天体物理学方面获得诺贝尔奖的空白。但这一成就是他在半个世纪以前就已做出，此时获奖，看来实在是太晚了。

钱德拉塞卡是南印度泰朱尔人，1901 年生于现巴基斯坦境内的拉合尔市，他在马德拉斯大学省邦学院物理系以优异的成绩毕业，于 1930 年入英国剑桥大学三一学院学习。1933 年获理论物理学博士学位后，在该学院从事 33 年的研究工作。1935 年初，他在英国皇家天体物理学会的一次学术会议上，提出了自己独到的关于星体演化物理过程的理论。星体有其诞生、衰老和死亡的过程。衰老期的星体由于本身引力的挤压而持续不断地崩坍，这又导致星体内部的热核爆炸，其能量反过来对本身的引力又起着抵消的作用。这种自身矛盾着的平衡状态一直保持到星体内的核燃料耗尽为止。根据当时流行的理论，到这个时候，任何星体不管其最后质量如何都以白矮星为其归宿。而这个理论恰恰是由钱德拉塞卡尔的导师艾丁登和其他著名学者创立的。钱德拉塞卡根据爱因斯坦狭义相对论认为这种理论有明显的缺陷，因为它忽视了崩坍着的星体内的电子以光的速度运动着的现象，而这种现象是受狭义相对论的定理制约的。他认为，不是所有的崩坍体都会变成白矮星，只有在其质量不超过太阳质量的 1.44 倍的条件下，其内部的电子压力才能抵消引力的力量。也就是说，只有低于这个临界质量的星体才会成为白矮星。

他的理论发表之初，没有轰动科学界，却招来一片冷嘲热讽。甚至他的导师艾丁登教授都批评他的临界质量是"怪诞的"。由于艾丁登在当时国际科学界的声望和影响，即使有人认为钱德拉塞卡的理论是正确的，也不敢公开对艾丁登的看法表示异议。因为得不到人们的支持，不久他的科学论断就被人们遗忘了。后来，他受聘去美国执教于芝加哥大学。在那里，他把自己的论点整理成《星体结构研究导论》一书，然后就转向研究其他的课题。

随着现代科学技术的迅速发展，钱德拉塞卡所论述的关于星体演化的理论逐步被证实了。到了 20 世纪 50 年代初，他所创立的科学理论终于被全世界的天体物理学家所接受，他提出的 1.44 倍于太阳质量的"临界质量"在教科书里被称为"钱德拉塞卡极限"。现在，他的理论已被广泛地应用于空间研究、遥感技术和现代天文学等许多科技领域中。但钱德拉塞卡对自己的成就并不满足。他获奖后说："我的目标不在于解决单个问题，而是要在整个领域里开辟前景。"最近他完成了一本论述"黑洞"的书，同时他又在开辟新的领域——宇宙学。

另一个例子是戴维·格罗斯。他 1941 年出生于美国首都华盛顿，1966 年在著名的加利福尼亚大学伯克利分校获得物理学博士学位，曾在哈佛大学和普林斯顿大学工作。在从事物理学研究的几十年间，他曾获得美国国家科学院、美国物理学会、美国科学促进会和一些私人基金会的多项科学大奖。1973 年，格罗斯提出了著名的"夸克渐进自由"理论，揭示了粒子强相互作用理论中的渐近自由现象。从那时起，格罗斯几乎每年都要发表一两篇相关的高质量的论文，其中一篇论文的引用次数超过了 1000 次。不过直到 2004 年，他才获得诺贝尔奖。当媒体问及他获奖的心得时，格罗斯微笑着答道："获奖本身并不令人惊讶，这些年来，当实验室证据变得越来越充分时，我越来越相信我们的理论是正确的。不过在 2004 年获得诺贝尔奖还是有点意外。"实际上，格罗斯的成果多年前就得到了认可，并已经写进了物理学教科书。有记者问他，在论文发表 30 年之后才获得诺贝尔奖，是否等得太久？格罗斯却坦诚地说："诺贝尔奖不会轻易颁给一个人，尤其在基础科学研究领域，需要时间来验证，短则十年，多则几十年。更重要的是，我做研究不是为了获奖，爱因斯坦没有因为他最伟大的贡献——相对论而获得诺贝尔奖，但他依然是公认的世界最伟大的物理学家之一。"

其他的例子也不少。1901 年，33 岁的兰德斯坦发现了人类的 ABO 血型。但直到 1930 年，即 29 年后，诺贝尔奖委员会才将生理学或医学奖授予兰德斯坦，他那时已经 62 岁。1911 年，劳斯就公布了肿瘤是由病毒引起的重大发现，但一直没有引起诺贝尔奖委员会的关注，结果劳斯直到 85 岁才获奖。1919 年，科学家佛里斯就发现了蜜蜂跳圆圈舞，1925 年发现蜜蜂跳摇尾舞，直到 1973 年才获得诺贝尔奖。"热力学第四定理"的发现者拉路斯在 1931 年就发表了论文，但几十年后他的理论才被人认同和接受，直到 1968 年诺贝尔奖委员会才授予他化学奖。

这些事例表明，是金子不会永远埋在土中，总有一天会光灿灿地展现在人们面前。

六、早慧和大器晚成的获奖者

在重要的科技奖励中的获奖者中，很多人是少年聪颖，早结硕果；而有些人则是早年平平，大器晚成。这表明，在科学研究的道路上，一个人取得成功的因素是多方面的。

美籍匈牙利裔学者约翰·冯·诺依曼（John Von Neumann，1903～1957）就是一位早慧的全才科学大师。他虽然只生活了 54 个春秋，但却获得了数不清的奖项，包括两次获得美国总统奖，1994 年还被追授予美国国家基础科学奖。他是电脑发展史上最有影响的科学家之一。

冯·诺依曼是典型的早慧孩子。他 3 岁能背诵父亲账本上的所有数字，6 岁能够心算 8 位数除 8 位数的复杂算术题，8 岁学会了微积分，其非凡的学习能力，使那些曾经教过他的教师惊诧不已。1931 年，他的父亲、一位犹太银行家在报纸上刊登启事，要为 11 岁的冯·诺依曼招聘家庭教师，聘金是常规家庭教师的 10 倍。可在人才济济的布达佩斯没有人前往应聘，因为他们都耳闻过冯·诺依曼的聪慧。执教的数学老师于是把冯·诺依曼推荐给一位数学教授，于是冯·诺依曼一面在学校跟班读书，一面由布达佩斯大学教授为他"开小灶"。但几年后，冯·诺依曼的能力开始超出这位大学教授，居然把学习的触角伸进了当时最新数学分支——集合论和泛函分析，同时还阅读了大量历史和文学方面的书籍，并且学会了七种外语。毕业前夕，冯·诺依曼与数学教授联名发表了他的第一篇数学论文，当时他还不满 17 岁。22 岁时，他获瑞士苏黎世联邦工业大学化学工程师文凭。一年之后，轻而易举摘取布达佩斯大学数学博士学位。在柏林当了几年无薪讲师后，他转而攻向物理学，为量子力学研究数学模型，又使自己在理论物理学领域占据了突出的地位。很快使自己成为横跨"数、理、化"各门学科的超级全才，声名鹊起。1933年，他又与爱因斯坦一起，被聘为普林斯顿高等研究院第一批终身教授，而且是 6 名大师中最年轻的一名。

冯·诺依曼勤奋至极，差不多每天都工作到黎明才入睡，由于痴迷于科研，也常常闹出些小笑话来。据说有一天，冯·诺依曼心神不定地被同事拉上了牌桌。一边打牌，一边还在想他的课题，于是输掉了 10 元钱。这位同事也是数学家，突然心生一计，想要捉弄一下他的朋友。于是他用赢来的 5 元钱，购买了一本冯·诺依曼撰写的《博弈论和经济行为》，并把剩下的 5 元贴在书的封面，以表明他"战胜"了"赌博经济理论家"，使冯·诺依曼感到"丢面子"。

冯·诺依曼可谓是科技上的多面手，他的成就使他获得了众多的美誉。在计算机科学方面，他在 EDVAC 计算机的研制中明确规定出计算机的五大部件：运算器 CA、逻辑控制器 CC、存储器 M、输入装置 I 和输出装置 O，并描述了五大部件的功能和相互关系。他明确提出计算机必须采用二进制数制，以充分发挥电子器件的工作特点，使结构紧凑且更通用化。自冯·诺依曼设计的 EDVAC 计算机始，直到今天我们用"奔腾"芯片制作的多媒体计算机为止，一代代的电脑大师制造的不断升级的计算机，都没能够跳出"诺依曼机"的掌心。冯·诺依曼为现代计算机的发展指明了方向，因而被誉为"电子计算机之父"。此外，数学界认为冯·诺依曼是 20 世纪最伟大的数学家之一，他在遍历理论、拓扑群理论等方面做出了开创性的工作，算子代数甚至被命名为"冯·诺依曼代数"；物理学家们也说，冯·诺依曼在 30 年代撰写的《量子力学的数学基础》已经被证明对原子物理学的发展有极其重要的价值；经济学家们则反复强调，冯·诺依曼建立的经济增长横型体系，特别是 20 世纪 40 年代出版的著作《博弈论和经济行为》，使他在经济学和决策科学领域竖起了一块丰碑。

中外历史上青少年成才而获奖的例子不少。如德国科学家海森堡、英国的狄拉克、华裔科学家李政道，他们都是在 31 岁时便获得了诺贝尔物理学奖。

当然，在人生的道路上，有些人在青少年时代在学业上表现并不突出甚至很差，但后来却一举成名。如 2001 年获得诺贝尔生理与医学奖的蒂姆·汉特（TimHunt）在小学时是班里的垫底生。他因 1982 年发现控制基因"赛克林"而获得该奖。他家中保存的当年自己就读小学的校志记载，他在小学毕业时的分数和排名都是倒数几名，拉丁语、数学、法语都是 3 分。也许他当年的老师和同学想不到这个曾经垫底的学生却摘取了诺贝尔奖的桂冠。汉特说："小时候分数差不必自卑，它不能决定一个人的一生。"

当然，像汉特博士这样在校时成绩一般、大器晚成之人在社会中也不少。2002 年诺贝尔物理学奖获得者、日本科学家小柴昌俊等"在天体物理学领域做出的先驱性贡献"打开了人类观测宇宙的两个新"窗口"。让大家感到不可思议的倒不是奖项的本身，而是获奖者小柴昌俊在大学学习生涯中，曾有过物理考试分数倒数第一的情况。而这个倒数第一，却激励他在日后的研究中登上了天体物理学的真正的第一。物理学上重大贡献和物理考试的倒数第一，似乎看来很不协调。在我国，如果学生的考试分数老是不及格，人们一定会认为他长大后难成大器。

小柴昌俊在得奖后说:"我是以倒数第一的成绩毕业的,但东京大学却接受我当了讲师、教授,我非常感谢东大的知遇之恩。"小柴昌俊的获奖使东京大学的知遇之恩得到了最好的回报。东京大学不拘一格的用人机制,为一个顶级的科学家走向世界科技奖励的最高圣殿铺垫了成功的道路。

显然,科学贵在创新和发现,人才选用贵在不拘一格。在以考试分数为社会指挥棒的生存环境中,是无论如何出不了大师级的科学家的,顶多只是工匠级的人物。分数不等于一个人的最终成就,考试不等于发掘人才的灵丹妙药。当然,不是说考试成绩不重要,成绩的好坏在某种程度上测试了一个人的知识和技能掌握的水平,但只是这个人在已知领域内获得知识的基本尺度,不能够完全地反映出他潜在的创新能力和未来的成就。

七、善于独辟蹊径的获奖者

一些大科学家不受束缚的思维往往令他们峰回路转,柳暗花明。瓦尔特·科恩(Walter Kohn)就是一例。科恩常说:"不要轻易相信别人的观点。"他因创立并发展了电子云理论,于1998年获诺贝尔化学奖。

当人们按照前人的既定思路,通过三维坐标去求解电子的运动时,往往绞尽脑汁想的是如何用爱因斯坦的相对论去不厌其烦地验证其精确性。而科恩却彻头彻尾地革新了描述电子运动的方法,完全摒弃了众多电子的纷繁坐标,而改用电子的密度去描述电子的运动,使得计算一下子简化了。这就好比在世人的心中,永远有一条通向目的地的路,而在科学家的心中却一马平川,对既定路视而不见,他们能够自由地找到任何一个可以到达目的地的方向。

科恩谦虚地说自己的生命中没有丝毫能够成为诺贝尔奖得主的迹象。幼年的科恩是一位活泼调皮的孩子,7岁时在孩子们的聚会上,他带着黑色的礼帽,鼻梁上夹着一副玻璃眼镜,胳膊下夹着一块写着"无知教授"(professor knowingnothing)的牌子。少年时他的理想是成为一个农场主,以务农为生，对数学还非常讨厌。长大后科恩跟别人找寻过金矿，还在一家公司研究制造过军用飞机的一种部件。由于战争的影响，他接受的教育断断续续，德国人的身份不仅使英国警方怀疑他是间谍，而且在他想做化学试验的时候也无法进入正在进行军事科研的化学楼。这位小时候装扮过"无知教授"人在获得诺贝尔奖这一殊荣后，又给自己戴了一项名字相似的帽子："不可知论者"。

我国最高科学技术奖获得者袁隆平院士在确立研究三系杂交水稻前，国际上著名遗传学权威、美国著名的遗传学家辛洛特和邓恩曾在20世纪30年代撰写的《细胞遗传学》就明确地指出了水稻等自花授粉作物没有杂交优势。他们的定论，成了横亘在研究者面前的"教条"，很多人因之望而止步。但袁隆平从稻田中发现了一株"与众不同"的"天然优质稻"，从中得到启迪：这株优质稻是由杂交造成的遗传变异，显然与传统遗传学理论背道而驰。袁隆平以大无畏的精神闯进了"杂交水稻"这块过去禁区，开始了他破天荒的科研尝试。终于打开了水稻杂种优势利用的大门。1973年，以他为首的科技攻关组完成了三系配套并培育成功杂交水稻，开创了人类利用水稻杂种优势的先河。

另一位最高科学技术奖获得者王永志在科研中也善于创新，独辟蹊径。他在参加我国第一个自行设计的中近程火箭的首次试射时，因发射场气温太高，火箭的推进剂受热膨胀不能按原定重量加注。按照科学常理和习惯思维，装载的推进剂越多则火箭飞得越远，推进剂减少将导致火箭飞不到预定的落区。如按原总量加注，则要增加火箭推进剂箱的容积，导致火箭发射试验不能按预定时间进行。如何解决这一问题，在几次专家会议上讨论未果的情况下，王永志独辟蹊径，从"逆命题"出发，提出"减少推进剂的重量可达到试验效果"这一独到见解。经过周密地分析计算后，他指出如果将燃烧剂泄出600kg，不仅解决了液体燃料受热膨胀无法按原重量装载进火箭燃油箱的问题，同时燃料减少使推进剂处于最佳配比，降低了火箭自重并节省了成本，轻装后的火箭反而可以增大射程使导弹飞抵预定目标，他的这一逆向思维得

到了钱学森的肯定，随后按王永志的办法进行了三次试验，均获成功。王永志的逆向思维为中国首次成功发射自己的火箭立下功绩，对其他研究人员起到很好的启迪作用。

在科学的发展道路上，有许多研究人员因被禁锢在权威理论的阴影下，墨守成规，在自己无所成就的同时，还会嘲笑那些独辟蹊径的行为。比如哥白尼的日心说受到了嘲笑，伽利略相信不同重量的物体会以相同的速度下降的理论受到了嘲笑，认为甲醇可以代替氯气用于燃料电池的欧拉受到了嘲笑，认为半导体异质结构大有用途的克勒默受到了嘲笑，认为塑料可以导电的黑格受到了嘲笑，但他使中小学课本里"塑料是绝缘的"这句话成为错误，等等。但无数事实证明，在科学研究中勇于开拓创新、打破常规，往往能取得令人意想不到的成果。

八、善待逆境的获奖者

获奖者中，很多人不仅在科研上艰辛备至，在生活中也历经磨难，但他们永不言弃，艰难前行，最终硕果累累。德国物理学家 J·R·迈尔和美国数学家 J·F·纳什的坎坷人生就证明了这一点。

J·R·迈尔（Julius Robert Mayer，1814～1878）1814 年 11 月 25 日生于符腾堡（今巴登－符腾堡）的海尔布隆，他的父亲是个药店主。1832 年进蒂宾根大学医学系。1837 年因参加一个秘密的学生团体而被停学一年，致使神经受到刺激。第二年复学后获得医学博士学位。1840 年，迈尔随船队到达爪哇，在给病人做放血治疗的时候发现，病人静脉中的血液不寻常地呈鲜红色。这个现象促使他对整个生物热的问题开始作系统的研究。当时大家公认的拉瓦锡（1743～1794）理论认为，生物体通过吸进氧气的缓慢氧化，产生维持生命的热量。人肺的功能就是通过呼吸，吸进新鲜空气，流经肺叶的血液从中吸收氧气后变成鲜红色。迈尔想到，爪哇地处热带，体热的维持一定比较容易，因此维持体热所需要消耗的氧气也比较少。这样，血液自然比较红，即使是静脉中的血液也是这样。迈尔从爪哇回国后，在 1842 年 5 月写了一篇题为《论热的量和质的测定》的论文，于这年 6 月 16 日寄给由 J. C. 波根多夫主编的《物理学与化学杂志》，由于缺乏严密的科学论证，这家杂志没有发表。迈尔很快发现这篇论文的缺陷，在进一步论证和修改后，于 1842 年写出《论无机界的力》，在 J. von. 李比希主编的《化学与药学杂志》上发表。在这篇论文中，他采用"因等于果"的命题，论证一切自然力（即能量）是不灭的。他还论证了落体力（即势能）可以转化为运动（即动能），并开始用质量与速度的二次方的积来表示运动。他认为"有不能变为无"，运动一消失就转化为热，而蒸汽机则把热转化为运动。他利用热与气体体积的关系，以及空气的定压比热容和定容比热容的比为 1.421，推算出 1g 水在 0～1℃时吸收的热量等于相同质量的水下降 365m 所做的功，但文中没有阐明推导过程。

迈尔的能量守恒思想当时没有被世人承认。传说迈尔《论无机界的力》发表不久，著名物理学家约利在海德尔堡和迈尔相遇，约利带着嘲讽的口吻对迈尔说："如果你的理论是正确的话，水就能够被晃动而加热。"迈尔听后没有在权威的压力下而退缩。过了几个星期，迈尔专程前往约利住处，一进门就对约利说："正是那样！正是那样！"约利感到不解。胸有成竹的迈尔详细地向约利说明了自己的理论，终于使约利从摇头开始变为点头。

在能量守恒思想被压抑的同时，迈尔的家庭也处于多灾多难的状态。1846～1848 年 3 年间，他的 3 个孩子不幸相继夭折。无情现实使他在 1850 年 5 月的一个夜晚跳楼自杀，幸未致死，此后患了精神错乱症，长期在哥廷根的精神病院中疗养，几乎与世隔绝，以致李比希在一次演讲中宣称迈尔已经因病早亡，在一本《手册》中还正式记载了迈尔已经"去世"。

8 年之后，迈尔逐渐恢复了健康。他的科学成就逐渐为社会所承认。1858 年瑞士巴塞尔自然科学院授予他为荣誉院士。他在 1860 年左右开始出席各种科学会议。由于英国物理学家 J. 廷德耳的力争，迈尔的科学成就在

英国也得到了承认。1871 年，在焦耳之后一年他获得了英国皇家学会的科普利奖章。随之他获得了蒂宾根大学的荣誉哲学博士，德国巴伐利亚和意大利都灵科学院院士的称号。由于迈尔做出了这些开创性的研究，他被后人公认是科学史上第一个提出能量守恒原理的科学家，热力学与生物物理学的先驱。

纳什（John Forbes Nash Jr，1928 年 6 月 13 日）是普林斯顿有名的数学天才，1958 年纳什曾非常渴望获得数学界的最高奖菲尔兹奖，但当年的奖项却颁给了搞突变论的托姆和搞代数的罗斯。由于菲尔兹奖只授予年龄在 40 岁以下的数学家，这意味着纳什与菲尔兹奖已经无缘。更不幸的是，这位数学天才却在这风华正茂、创造力最佳之际患上精神分裂症，在随后的 30 年中几乎成为一个废人，但他没有沉沦，始终与命运顽强地抗争。

1988 年左右，他竟然奇迹般地康复了。其后几年，纳什在对博弈论的研究中取得了重大成果，1994 年他因博弈论的成就而荣获诺贝尔经济学奖。在诺贝尔奖揭晓之际，他毫无保留地谈了自己的想法和希望的事：一是希望得奖能够改变自己的信用评级；二是认为自己的博弈论研究是与超弦理论类似的高度智力课题，其实用性也许是次要的或者可疑的。1995 年普林斯顿大学打算向他支付 3 万美元，出版他的选集，纳什没有同意。他的想法是，自己还没有失去创造力，将来可以并且一定能够出版选集，那时还可以收入康复后的数学创造论文。

人的一生都富有创造力。一个人因遭遇不幸而影响一时创造力的发挥时，一定要有坚强的意志，保持豁达、快乐和善待自己的胸怀，领悟有"舍"才有"得"的道理，学会用"减法"来完美处理问题。这两位科学家的坎坷人生表明，面对逆境或不顺的事情，害怕挫折和痛苦而一味的沉沦是不可取的。面对变局仍能冷静以对，这才是大智大勇者；当一个人的成长过程并不如外界或自己期待的顺利，但对于喜欢和擅长的领域，如果义无反顾走下去，最终会有所收获。

九、转行的获奖者

2003 年，诺贝尔物理学奖获得者之一安东尼·莱格特说，在他的学术道路上他最先感兴趣的是古典文学，当时的他并无意从事物理这个给他带来荣誉的学科。

这位出生在英国的科学家说："在我很小的时候和青年时代，我脑子里最不愿想的事就是物理。""我的父亲是中学物理老师，但是我的第一个学士学位是古典文学。"他说，大学快结束时发生的两件事使他对物理产生了兴趣：一是前苏联 1957 年发射了第一颗人造卫星斯普特尼克 1 号；二是在一个曾当过数学教师的退休牧师的指导下，他有了学习物理、数学的信心，拿到了第二个学位——物理学学士。

当有人问到学习古典文学的经历有没有帮助他在科学上有所发展时，莱格特说："哲学让我对世界有了新的看法。"他还表示，1965 年和 1967 年，他和伊利诺伊大学科学家的接触帮助他迈出了第一步，不过他获得诺贝尔奖的研究是几年后在英格兰的萨塞克斯大学完成的。当得知获奖的消息后，他说自己感到非常意外。

无独有偶。英国物理学家曼斯菲尔德也是从另一学科转行却意外地获得了诺贝尔生理学或医学奖的。他与劳特布尔在用核磁共振技术拍摄不同结构的图像上获得了关键性发现，这些发现导致了在临床诊断和医学研究上获得突破的核磁共振成像仪的出现。曼斯菲尔德他说自己从来没有想过要涉足医学界。15 岁那年，曼斯菲尔德中学没有毕业就离开学校辍学打工，先是干书籍装订工，然后又当了印刷学徒工。第二次世界大战期间，曼斯菲尔德第一次看到火箭，便对此产生了浓厚的兴趣。他战后上了大学，学习物理，在1962 年获得了伦敦大学的物理博士学位。20 世纪 70 年代中期，曼斯菲尔德开始利用磁场研究晶体。接着他开始痴迷于观察固体的纵切面影像，"那确实就是我后来将研究方向转向医学的开始。"此后，曼斯菲尔德及其研究小组便将观察对象转向动物组织的切片影像。20 世纪 80 年代核磁共振技术才起步，全世界也只有为数不多的设备在为病人服务。而 20 多年后的今天，全球共有6000 万人接受了核磁共振检查。

核磁共振技术早已让曼斯菲尔德誉满全球，也获得了很高的经济效益。尽管曼斯菲尔德本人表示没有想过要去争取诺贝尔奖，但与他共事近 30 年的彼特·摩利斯却认为曼斯菲尔德早该获得这一殊荣。"核磁共振在医学上的影响力是少有的。"如今的摩利斯已经被曼斯菲尔德任命为"核磁共振中心"的负责人。曼斯菲尔德以及他的英国同事确实应该为获奖而高兴，因为历史上一般都认为，核磁共振技术是在美国研制开发的，这次他们的获奖，就确认了以曼斯菲尔德为首的英国物理学家在这个领域上的功绩，这比荣誉与金钱更重要。

十、出身卑微的获奖者

获奖人的身份不是影响获奖的因素。很多科学大师家境贫寒，没有背景，但因其在科学上的贡献而获得了科技大奖。

美国的科学家、发明家、政治家和社会活动家富兰克林（Benjamin Franklin，1706～1790）就是一个最典型的例子。富兰克林 1706 年生于波士顿一个丁人家庭，父亲是英国移民，从事肥皂和蜡烛制造。由于家庭贫寒，他只上了两年学就辍学当了学徒。12 岁时他到大哥的印刷所里当学徒，以后长期从事印刷工作。但他刻苦自学，把"读书当作唯一的娱乐。"后来，富兰克林不仅在科学上有所建树，在政治上也很有作为。

富兰克林在电学上有许多重要贡献。通过实验，他对当时许多混乱的电学知识（如电的产生、转移、感应、存储和充放电等）作了比较系统的梳理。他还初步提出了"摩擦起电只是使电荷转移而不是创生，所生电荷的正负必须严格相等"，这个思想后来发展为电学中的基本定律之一——电荷守恒定律。富兰克林的第二项重大贡献是统一了天电和地电，特别是风筝实验的报告轰动了欧洲，使人们看到电学是一门有广大前景的科学，避雷针也成了人类破除迷信改造自然的一项重要技术成果，推动了电学和电工学的发展。

正是由于这一系列的贡献，富兰克林一生中获得过许多荣誉。1753 年，英国皇家学会把科普利奖章颁发给了富兰克林，奖励他所著论文《关于电学的奇异的实验与观测》对电学的贡献。同年，他获得哈佛大学和耶鲁大学的荣誉学位。1756 年当选为英国皇家学会会员，1772 年当选为法兰西科学院的外国院士，1789 年当选为彼得堡科学院的外国院士。但他在自己的墓志铭上却谦逊地写下了"印刷工富兰克林"。法国经济学家杜尔哥（Ann – Robert Jacques Turaot）却为他写下了这样的赞语："从苍天那里取得了雷电，从暴君那里取得了民权。"

同样，欧姆也是一位出身贫穷的获奖科学家。欧姆的家境十分困难，但父亲是个技术熟练的锁匠，也爱好数学和哲学。在父亲的影响下，欧姆养成了动手的好习惯。他心灵手巧，做什么像什么。物理是一门实验学科，如果只会动脑不会动手，那么就像用一条腿走路，难成气候。正因为欧姆善于动脑，又勤于动手，因而在后来的生涯中取得了许多重大的科技成就。

欧姆巧妙地利用电流的磁效应，自己动手制成了电流扭秤，以进行电流随电压变化的实验，测量出电流强度，取得了较精确的结果。不久，欧姆又在自己制作的实验装置上，论证了欧姆定律，并发表《伽伐尼电路的数学论述》的论著。但他的论著给他招来不少讽刺和诋毁，因为教授们看不起他这个中学教师。有人攻击他说："以虔诚的眼光看待世界的人不要去读这本书，因为它纯然是不可置信的欺骗，它的唯一目的是要亵渎自然的尊严。"这使欧姆十分伤心，他在给朋友的信中写道："伽伐尼电路的诞生已经给我带来了巨大的痛苦，我真抱怨它生不逢时，因为深居朝廷的人学识浅薄，他们不能理解它的母亲的真实感情。"直到 8 年后，随着研究电路工作的进展，人们逐渐认识到欧姆定律的重要性，欧姆本人的声誉也大大

提高。1841 年英国皇家学会授予他科普利奖章，1842 年被聘为国外会员，1845 年被接纳为德国巴伐利亚科学院院士。后人为纪念他，把电阻的单位命名为"欧姆"。

十一、有趣的感言和举动

很多科学家在获奖时的感言和举动往往是妙趣横生。

美籍华人林同炎（T. Y. Lin）先生是 20 世纪最伟大的桥梁建筑师之一。他 1912 年生于福建福州，1931 年毕业与交通大学唐山学院，1933 年获得美国加州大学柏克利分校土木工程硕士学位，后来获中、美四所大学的名誉博士学位。1954 年创办"林同炎国际公司"（T. Y. Lin International）。在美国和世界各地设计和建造了百余座风格各异、美轮美奂的桥梁及房屋建筑，举世闻名。在从事土木丁程的 60 余年问，林同炎先生获得百余种奖励，还被同行誉为"预应力混凝土先生"（Mr. Prestressed Concrete）和"桥梁专家"，在国际上桥梁界享有盛誉。

1986 年，林同炎获得了美国国家科学奖（national medal of science）。美国总统里根在白宫亲自为他颁奖。当时美国与前苏联仍处于冷战时期。在他的奖状上写道："他是工程师、教师和作家。他的科学分析、技术创新和丰富想象力的设计，不仅跨越了科学与技术的壕沟，还打破了技术与社会的隔膜。"在隆重的颁奖仪式上，林同炎却作出了一个出乎意料的举动：当里根总统向他颁奖时，他一手接过奖状，一手呈上他所撰写的"美俄和平桥建议书"。建议书中说："造桥的目的是连接阿拉斯加和西伯利亚两岸，贯通世界各大洲。两个半球的连通不仅只是实质的连接，它还将成为东方与西方之间的政治、文化联系的枢纽。"林同炎还意味深长地对里根说："从经济支出看，造桥约需 40 亿美元，但比起两国每年国防预算 6000 亿美元的费用，简直是太微不足道了。"说得里根总统忍俊不禁，也赢得了与会人员的阵阵喝彩。

2006 年 11 月 30 日，英国皇家学会向本国著名理论物理学家、数学家斯蒂芬·霍金颁发科普利奖章。皇家学会会长马丁·里斯说，这枚奖章是对霍金 40 余年来令人惊叹的研究成就的认可，"继阿尔伯特·爱因斯坦之后，斯蒂芬·霍金对我们认识万有引力所做的贡献可与任何人媲美"。佩戴在霍金胸前的科普利奖章是一枚不凡的奖章，这枚奖章曾由英国宇航员皮尔斯·塞勒斯 2006 年 7 月携带，一同在国际空间站执行任务时遨游太空。霍金在获奖后深情地说："科普利奖章曾授予达尔文、爱因斯坦等大科学家，能加入他们的行列，我感到荣幸"。他还表达了对人类未来面临的问题的担心，他说："只要被限制在一个星球上，人类的生存就面临着风险……一次小行星撞击或一场核战争可能迟早把人类毁灭"，"但理论的革新可能使太空旅行的速度获得革命性进展，继而使开拓外星殖民地成为可能。一旦我们分散于太空，并在那里建立独立的殖民地，我们的未来应该是安全的。"

此外，霍金还表达了提供自己的脱氧核糖核酸（DNA）样本供医学研究的想法。他说："运动神经元疾病患者首次出现症状后，经常在 2 年或 3 年内死亡。我是罕见的长期存活者之一，因此我有责任让这种可怕的疾病得到重视，同时推动针对此病成因的研究，这样我们就能在未来发现医治它的途径，或者至少找到防治它的方法。"

十二、搞笑诺贝尔奖

一年一度的世界诺贝尔奖评选是为人们所熟知的，但是不少人恐怕不太了解诺贝尔奖还有一个"姐妹奖"——伊格诺贝尔奖（Ig Nobel prize，又称搞笑诺贝尔奖）。在美国哈佛大学举行的 2007 年度"搞笑诺贝尔奖"颁奖典礼使人们又一次了解这一奖项的深刻含义。获奖项目"用伟哥帮老鼠倒时差"、"同性恋炸弹"等新奇搞怪的"科学创意"不仅让与会者捧腹大笑，也使人领略到创造和创新带来的乐趣。

"搞笑"版诺贝尔奖由马克·亚伯拉罕于 1991 年在美国创立，他曾创办

《不可思议研究年报》的科学幽默杂志，专门介绍那些稀奇古怪的科学研究，被称为科学界中的"疯狂"杂志。亚伯拉罕说："也许是世上唯一不单科学家自己会看，就连他们的亲友也会看的科学杂志。里面刊载的有趣研究，是从逾万本严肃乏味的科学和医学杂志中挑选出来的。"他设立"搞笑诺贝尔奖"的宗旨是"表彰那些不能也不应该被重复的科学研究"，让人们"先是大笑，然后开始思考"。

在英文中，"Ig"有"卑贱"的意思，也有人猜测是"ignoble"（不光彩的）或"ignorant"（无知的）。因此也有人把它翻译成"难登大雅之堂之诺贝尔奖"或"最无聊滑稽诺贝尔奖"，所以这个奖项表示自己无法与正式的诺贝尔奖相比。但它的来头不小，设立机构为著名的哈佛大学和《不可思议研究年报》，并与真正的诺贝尔奖几乎同期颁奖。获奖者的贡献"不寻常、幽默、有想象力"。入选"搞笑"版诺贝尔奖的科学成果必须不同寻常，能够激发人们对科学、医学和技术的兴趣。"搞笑"版诺贝尔奖每年由科学家和公众提名，《不可思议研究年报》的编辑们从5000个候选成果中选出10个最终获奖者。

十多年来，搞笑诺贝尔奖奖励一批确实能搞笑的所谓项目或成果。搞笑诺贝尔奖的策划者都是哈佛大学的科学家。对不少人来说，搞笑诺贝尔不过是一大堆笑料，但奖项策划人亚伯拉罕对记者说，引人大笑的背后，其实是激发思考和创意。

比如，在生物学方面，搞笑诺贝尔奖曾授予了阿兰·克利格曼推出的防放屁药"Beano"等奖项。在宣布防放屁药"Beano"获奖时，成了媒体的笑柄。但事实证明，他的发明不仅替无数可怜人及他们的亲友解除了窘境，更为自己赚来超过1000万美元。克利格曼最近对美国广播公司说："面对尴尬的问题，人们只知道取笑。现在我们终于争回一口气。"现在，在美国的每家药店都可以买到Beano。又如英国的科学家发现的"当人类在鸵鸟附近时，鸵鸟会变得好色，甚至会向人求欢"；澳大利亚阿德莱德大学科学家本杰明·史密斯分析了131个种类的青蛙在压力下发出的各种不同气味，认为一些青蛙的气味像腰果味，一些青蛙气味闻起来像甘草味、薄荷味以及烂鱼味。这些研究令人忍俊不禁。

在医学奖方面，搞笑诺贝尔奖曾授予了"人造狗睾丸"等项目。一个名叫格雷格－米勒的美国密苏里州男子，给阉割的狗发明一种"人造狗睾丸"。他在给一只洛特维勒犬装上第一对"人造狗睾丸"后，就开办了"人造狗睾丸"邮购公司，并根据狗的情况，研制不同的大小、形状、重量以及坚固度的"狗睾丸"。他在网站上宣称，"人造狗睾丸"可让受阉割的宠物狗重获自然的外表以及自尊感。如今全球50个地区、32个国家已经有超过10万只宠物接受了这项手术，而至今无一出现并发症。这项人造睾丸手术被证明是安全可靠的，而且花费便宜，被称赞为"一种有效而可行的方式阻止了宠物的过量繁殖"。

在物理奖方面，曾奖给了"5秒钟定律"等。一个名叫吉里安·克拉克的女中学生提出了"5秒钟定律"。这一定律认为，如果食物在落地5秒钟之内把它捡起来，就可以继续放入嘴中吃。她在伊利诺伊大学擦地时无意中发现，学校的地面相当干净，连细菌都很少，所以她想出了这一"定律"。为了验证这个"定律"的可行性，克拉克进行了调查，结果发现76%的女性和56%的男性认同她的"定律"。

在化学奖方面，曾授予达萨尼牌矿泉水、"在糖浆中游泳是否比在水中游得快"等研究。如"在糖浆中游泳是否比在水中游得快"等研究由美国明尼苏达州大学的爱德华·卡斯勒和布赖恩·盖蒂尔芬格两人完成。他们计划向游泳池中先后倒入相当于20节车厢的玉米糖浆和水的混合物，却被明尼阿波利斯市政府制止，并被要求征收2万美元的额外清洁费用。于是，两人只好将310kg重的瓜尔豆树胶粉倒入游泳池中，代替糖浆进行研究。第二天早晨，游泳池中的液体看上去就像是稀释的鼻涕，不过16名志愿游泳者仍然自告奋勇地跳进去游了起来。测试表明，稠密的液体可以增加游泳者的双手击打力，但同时也会增加身体的阻力，因此在水中和在糖浆中游泳的速度没有明显区别。

在和平奖方面，曾颁给新加坡前总理李光耀、日本的玩具生产商 Takara 等。李光耀获"搞笑和平奖"是因为做了长达30年的"心理实验"，"研究"惩罚国民随地吐痰、嚼口香糖或喂白鸽的效果。李光耀的获奖，可见搞笑诺贝尔奖的得主并非只是被人取笑的傻人。而 Takara 等机构推出的"狗语情绪翻译机"，能通过测量狗吠的声调来了解其情绪。该机已在日本上市，其英文版的"Bow – Lingual"也将在一年内推出。此研究获奖，主要表扬他们对促进人狗和谐共处所做的贡献。此外，美国阿拉巴马大学的社会学学者吉姆·冈德拉施的"听乡村音乐可能导致自杀"也获得"搞笑和平奖"，虽然当时还有人写信指责他胡言乱语。

搞笑诺贝尔奖的典礼除了有颁奖典礼外，还设免费公开讲座，让得奖者讲解自己的研究。三名研究"马桶如何会被使用者坐塌"的苏格兰科学家，来美国领奖时满怀感激地说道："我们发表了70多篇论文，只有这么一次可以出名。"澳大利亚专家克鲁斯泽尔尼基自费研究了5000人肚脐中的垢物，发现垢物主要是衣服纤维及死去的皮肤细胞，结果得了"跨科研究奖"。他获奖后称这是个巨大的荣耀，因为这"显示科学研究充满了乐趣"。

该奖的组织者说："这奖是颁给一些能产生神奇效果的东西：它们首先会令人'笑'，之后却会令人'思考'。"例如医学奖得主、加拿大学者巴尔斯，凭着花四年研究"椰子坠落导致的伤患"而得奖。巴布亚新几内亚的椰树往往高逾百尺，椰子掉下来的冲力可高达一吨，当地医院有2.5%的重伤病人都是被椰子所害。亚伯拉罕说："很明显，这在那儿绝对不是笑料。"他还认为搞笑诺贝尔奖可以鼓励创意："大部分优秀科学家都坚信，幽默的的确确能帮助他们干出有创意、有质量的工作。"1986年获得诺贝尔奖的哈佛化学家杜德雷海什巴赫曾撰文道，搞笑诺贝尔奖的一大贡献是，让人明白不应把科学当成圣牛膜拜，"这些活动能刺激更多人对科学产生兴趣，并知道我们不是一群超级书呆子"。

为了与正式的诺贝尔奖"呼应"，搞笑诺贝尔奖的颁奖常提前诺贝尔奖颁奖典礼一周举行。获奖者自费到场领奖，奖品是由廉价材料制成的手工艺品，虽然在"4个星期内就会土崩瓦解"，但颁奖者却是货真价实的诺贝尔奖获得者。此外，每年3月和8月，获奖者还有机会参加"搞笑诺贝尔奖巡回展"，到英国和澳大利亚为那里举行的"全国科技周"活动助兴。奖项公布前，组织者会分别通知获奖者，当然获奖者也可以有权拒绝领奖。但极少有人放弃这个"出头"的机会。创始人马克亚伯拉罕说："大多数科学家，无论他们在做什么，都未曾受到一丝关注。"虽然不少获奖课题都被视为"滑稽可笑"，但不少研究成果其实具有实用或者科研意义。

更令人感到意外的是，10多年来坚持不懈打扫会场者竟是美国哈佛大学著名的物理学家、诺贝尔物理学奖获得者罗伊·格劳伯。他用他的行动来支持搞笑诺贝尔奖。这位白发苍苍的著名科学家头戴一顶斗篷，台上台下打扫纸屑，令人肃然起敬。